ORGANIZADORES
Osmar Hélio Alves Araújo
Emerson Augusto de Medeiros
Ivan Fortunato

Nossa ARTE é a DOCÊNCIA

EDITORA CIÊNCIA MODERNA

Nossa Arte é a Docência

Editor: Paulo André P. Marques
Produção Editorial: Dilene Sandes Pessanha
Capa: Cosmos Veras
Diagramação: Daniel Jara
Copidesque: Equipe Ciência Moderna

FICHA CATALOGRÁFICA

ARAÚJO, Osmar Hélio Alves; MEDEIROS, Emerson Augusto de; FORTUNATO, Ivan. (Orgs.)

Nossa Arte é a Docência

Rio de Janeiro: Editora Ciência Moderna Ltda., 2021.

1. Educação 2. Formação 3. Professores
I — Título

ISBN: 978-65-5842-069-9 CDD 371.102

Editora Ciência Moderna Ltda.
R. Alice Figueiredo, 46 – Riachuelo
Rio de Janeiro, RJ – Brasil CEP: 20.950-150
Tel: (21) 2201-6662/ Fax: (21) 2201-6896
E-MAIL: LCM@LCM.COM.BR
WWW.LCM.COM.BR **05/21**

Sobre os Autores

Clermont Gauthier

Professor associado, Faculdade de Ciências da Educação, Universidade Laval, Quebec, Canadá.

Jorge Larrosa

Professor de Filosofia da Educação na Universidade de Barcelona, Espanha.

Maria Asuncion Lopez Carretero

Professora titular do Departamento de Didática e Organização Educativa da Faculdade de Educação da Universidade de Barcelona, Espanha.

Philippe Meirieu

Professor Honorário em Ciências da Educação - Universidade LUMIERE--Lyon2

Joana Paulin Romanowski

Professora do Centro Universitário Internacional UNINTER e Professora Titular da Pontifícia Universidade Católica do Paraná, no Programa de Pós-Graduação em Educação. Coordenadora do Grupo de Pesquisa Práxis Educativa.

Osmar Hélio Araújo

Professor da Universidade Federal da Paraíba (UFPB)/Campus IV - Litoral Norte. Coordenador do Grupo de Pesquisa: LACONEX@O/UFPB - Laboratório de práticas, estudos e pesquisas em formação de professores - Universidade e Escolas de Educação Básica (http://www.ccae.ufpb.br/laconexao), Brasil.

Emerson Augusto de Medeiros

Professor Adjunto da Universidade Federal Rural do Semi-Árido, Mossoró, Rio Grande do Norte, Brasil - UFERSA e Docente Permanente do Programa de Pós-Graduação em Ensino - POSENSINO/UERN/UFERSA/IFRN.

Ivan Fortunato

Professor da Coordenadoria de Formação Pedagógica do Instituto Federal de São Paulo, campus Itapetininga e professor permanente do Programa de Pós-Graduação em Educação pela Universidade Federal de São Carlos, campus Sorocaba, São Paulo, Brasil.

Maria do Rosário Silveira Porto

Professora aposentada da Faculdade de Educação da Universidade de São Paulo, Brasil.

Miguel A. Zabalza

Professor Emérito da Universidade de Santiago de Compostela, Espanha.

Rui Canário

Professor Catedrático Aposentado do Instituto de Educação da Universidade de Lisboa.

António Nóvoa

Professor Catedrático do Instituto de Educação da Universidade de Lisboa e reitor honorário da mesma universidade.

O Laboratório de práticas, estudos e pesquisas em formação de professores - Universidade e Escolas de Educação Básica (Laconex@o | UFPB) - articula pesquisadores, docentes e estudantes com interesses no âmbito da formação dos professores e nos processos educacionais na Educação Básica e Superior. A repercussão do trabalho do grupo é contribuir com o campo da formação docente e suas interfaces com os processos educacionais na Educação Básica e Superior. Com conexões com pesquisadores, docentes e estudantes de diversas Instituições, nacionais e internacionais, busca-se contribuir para a formação docente-discente, não só no Estado da Paraíba/Brasil, mas também em outros estados brasileiros e países. O uso do vocábulo Laboratório reivindica a formação docente como contexto de construção colaborativa - investigação-ação - entre Universidade e escolas de Educação Básica. O uso do termo conex@o visa induzir a uma associação direta ao uso das tecnologias digitais na formação docente-discente.

http://ccae.ufpb.br/laconexao

FoPeTec

O FoPeTec - Grupo de Pesquisas: Formação de Professores para o ensino básico, técnico, tecnológico e superior - foi fundado no final de 2015, no Instituto Federal de São Paulo, por Alexandre Shigunov Neto e Ivan Fortunato.

O Grupo dedica-se a pesquisas interdisciplinares na formação de professores, desenvolvendo estudos diversos sobre história e política educacionais, tecnologias, didática dentre outros.

O grupo é gestado pela Coordenadoria de Formação Pedagógica e pela Coordenadoria de Pesquisa e Inovação do IFSP, campus Itapetininga, mantendo vínculo com o Programa de Pós-Graduação em Educação da UFSCar, campus Sorocaba.

https://fopetec1.wixsite.com/fopetec

Apresentação

No dia 15 de *outubro*, comemoramos no Brasil o Dia do(a) Professor(a). Assim, essa data é momento e espaço para o reconhecimento da fundamental importância da PROFISSÃO DOCENTE no âmbito dos domínios das relações e atividades humanas. Por outro lado, em nosso País, que vive tempos tão desafiadores, a "valorização" conferida à profissão docente, nos mais diversos contextos, parece contrapor-se ao reconhecimento verdadeiro da importância da docência. *Contrariamente,* reconhecemos o valor da docência na formação humana e no desenvolvimento da sociedade.

A DOCÊNCIA também é um gesto de Arte – *criação, recriação e transformação.* Assim, tendo como tema "**Nossa ARTE é a DOCÊNCIA**", organizamos um conjunto de reflexões dirigidas aos professores, profissionais envolvidos com a educação e a todos os interessados na profissão docente, pois são muitas as formas como o Dia do Professorado pode ser celebrado em todos os níveis educacionais e contextos sociais. O importante é que essa data seja marcada por algumas ações concretas que recordem, de diferentes modos, o quanto a profissão docente é importante no/para a transformação do contexto social/cultural.

É com enorme satisfação que partilhamos as reflexões sobre: o que significa ser PROFESSOR? O que dizer aos professores em tempos tão desafiadores?

Reflexões tecidas por nós e pelos seguintes docentes: Clermont Gauthier; Joana Paulin Romanowski; Jorge Larrosa; Asuncion Lopez Carretero, Philippe Meirieu, Maria do Rosário Silveira Porto, Miguel Zabalza, Rui Canário e António Nóvoa, por ocasião do dia do/a Professor/a no Brasil em 2020.

Aos colegas, nossa gratidão pela atenção e gentileza com que acolheram o nosso convite. Com justeza e seguramente podemos dizer que as vossas reflexões alargarão os nossos horizontes profissionais e pessoais e potencializarão a docência, enquanto profissão que transversaliza e transforma os diferentes setores da vida. Também agradecemos, afetuosamente, as contribuições sempre bem-vindas dos estudantes bolsistas do Laboratório de Práticas, Estudos e Pesquisas em Formação de Professores – Universidade e Escolas de Educação Básica – Laconex@o | UFPB: Alexandro Nunes; Daniel Rodrigues; Liliane Gomes; Reginaldo Silva e Nivânia Soares.

Por fim, registramos que o presente trabalho foi realizado com apoio da Coordenação de Aperfeiçoamento de Pessoal de Nível Superior - Brasil (CAPES) - Código de Financiamento 001.

Sumário

I. Apoiar-se na ciência e agir com tato, este é o desafio do docente da atualidade[1]

Clermont Gauthier

O que significa ser docente? O que dizer aos docentes diante dos desafios contemporâneos? Estas são as duas questões que levaremos à reflexão no Dia dos professores, em 15 de outubro, no Brasil e que tem por tema "minha arte é a docência".

1. Ensinar sempre significou ***instruir*** e ***educar*** um grupo de alunos que temos sob nossa responsabilidade.

2. ***Instruir***, no sentido de ajudá-los a compreender o mundo que os cerca. Para isso, é necessário partir da cultura própria dos alunos, do que eles vivem, de seus usos, costumes, de sua língua, em resumo, do dado antropológico, e introduzi-los, em seguida, passo a passo, em uma segunda cultura, ou seja, aquela que lhes permite decodificar e interpretar este mundo no qual eles vivem. A leitura, a matemática, as ciências humanas e sociais pertencem a esta segunda cultura e constituem o que nós denominamos currículo. Nesse sentido, ensinar é um trabalho que se insere em uma relação estreita com o conhecimento. Para ensinar, é preciso, antes de tudo, conhecer aquilo que se ensina.

---

1 Revisão: André Luiz Lanza.

3. ***Educar***, no sentido de transmitir aos alunos os valores considerados essenciais para viver em sociedade. A justiça, o respeito ao semelhante, a igualdade, etc., são tantos os valores que o docente se esforça para inculcar pouco a pouco em sua classe. Nesse sentido, ensinar é também um trabalho moral.

4. Ao longo dos anos 1980, começamos a falar em ***profissão*** docente. Trata-se, sem dúvida, mais de um horizonte a alcançar do que uma realidade na qual nós já mergulhamos. As profissões estabelecidas possuem, todas, uma **base de conhecimentos, de habilidades e de atitudes** que foram formalizadas ao longo dos anos. Por exemplo, todos os membros de uma profissão como a medicina conhecem suficientemente a fisiologia e a anatomia e são treinados o bastante para saber como realizar uma operação para tratar de um braço quebrado. Da mesma forma, o segredo profissional é uma atitude necessária ao bom exercício de sua atividade.

Na docência, a situação é mais complexa, pois a base dos conhecimentos sobre a qual se fundamentam os docentes é ainda frágil, ela está em processo de construção. O saber empírico domina, ainda, amplamente essa atividade. Ele tem, entretanto, o defeito de se limitar unicamente às situações vivenciadas pelo docente. Esse saber tem um potencial de generalização limitado. No entanto, houve avanços interessantes nas últimas quatro décadas e nós temos à nossa disposição, graças às pesquisas em ensino realizadas nas salas de aula junto a professores experientes, um repertório de estratégias que permitem a um docente ensinar melhor e aos alunos aprenderem melhor, bem como se comportarem melhor. Refiro-me, principalmente, aos trabalhos sobre o **ensino explícito** dos conteúdos e dos comportamentos que geraram estratégias eficazes nos mais diversos contextos e com diferentes comunidades de alunos. Isso é o que chamo de base científica da docência.

1. Há quatro séculos, a **situação pedagógica de base** não tem real mudança. Um docente é responsável por uma classe, ele tem em torno de trinta alunos em sua turma, a presença deles é obrigatória, ele deve lhes ensinar os conteúdos considerados importantes para a sociedade, ele e seus alunos se encontram regularmente em um local (a classe) e, isso, durante todo o ano escolar. Há, portanto, uma estabilidade no trabalho do docente.

Por outro lado, existe o fator da imprevisibilidade em uma classe. A situação pedagógica é complexa, na qual vários elementos ocorrem ao mesmo tempo, os alunos podem resistir, até mesmo, se opor, e o docente nem sempre sabe o que fazer nem o que pode acontecer. A saída nem sempre é evidente.

É por essa razão que a **análise reflexiva** é frequentemente associada à profissão. Há conhecimentos técnicos ligados a uma profissão (competências formalizadas pela pesquisa), nem tudo, porém, se reduz à técnica. Existem momentos em que ficamos diante de uma situação nova, não sabemos o que fazer, devemos refletir e modificar o plano de ação. Estabelece-se, então, um processo deliberativo que exige uma análise profunda do contexto, a definição de um julgamento crítico, a enumeração de opções possíveis e uma avaliação dos prós e contras para a tomada de uma decisão.

Nesses últimos anos, a análise reflexiva tem dominado, infelizmente, a base de conhecimentos em docência, como se bastasse somente refletir mentalmente em solilóquio para encontrar uma solução adequada aos problemas detectados. Isso não basta. É necessário também recorrer aos bancos de dados e revistas científicas e profissionais que contêm muitas fontes de informações relacionadas aos problemas encontrados pelos docentes em sala de aula. A análise reflexiva também deve, portanto, se alimentar da pesquisa em docência.

1. Se por um lado o docente está em posição de autoridade, por outro, ele nem sempre pode controlar todas as variáveis da situação pedagógica. Ele não trabalha com objetos inanimados, ele atua, ao contrário, com alunos bem ativos, ele exerce um **trabalho de relacionamento**, que o obriga a constituir com o outro. Dado que ele trabalha com humanos (seus alunos) e que ele tem por missão fazê-los evoluir, ou seja, instruí-los e educá-los, ele não pode agir somente pela autoridade, como um déspota. Ele deve antes estabelecer e manter uma boa relação com os alunos a fim de neutralizar sua resistência e, assim, poder exercer seu trabalho. Há muitos anos, eu já escrevia que o docente é, em certo aspecto, um **sedutor**, ele conquista o consentimento dos alunos para melhor instruí-los e educá-los. É justamente nesse ponto em que nos aproximamos da dimensão artística do trabalho do docente.

2. Nesse sentido, e de uma maneira diferente da análise reflexiva, é necessário recorrer a outro conceito, o tato pedagógico, que permite ver melhor a dimensão artística do trabalho.

O tato, enquanto faculdade rápida de julgamento e de decisão, não mobiliza um processo deliberativo, como o faz a análise reflexiva. Ainda que, às vezes, isso seja talvez necessário em certas situações de ensino, tal processo de deliberação exige um tempo considerado excessivo, visto que a situação em tempo real do docente é cravejada de *microdecisões* e demanda, na maioria das vezes, um julgamento imediato e uma ação instantânea. Na maior parte do tempo, trata-se antes de *captar imediatamente, só de olhar*, o que se passa e agir. É ao tato que se referia o filósofo alemão Herbart, no século XIX: "O tato pedagógico consiste, sobretudo, em discernir quando é necessário deixar um aluno na sua velocidade lenta e quando, ao contrário, convém avançar rápido" (p. 29)[2]. E não há critérios científicos para chegar a isso. O que há é uma mobilização dessa forma de sensibilidade imediata para as coisas e para os seres, esse **espírito sagaz** que permite julgar o *momento favorável* para intervir, o que os gregos designavam pelo nome de *Kairos*.

Conclusão

Sob vários pontos de vista, **ensinar no século XXI não é tão diferente do que se fazia ao longo dos séculos precedentes.** Trata-se ainda de instruir e de educar grupos de alunos, em que o docente trabalha em uma estrutura estável que carrega elementos circunstanciais. Ele pode, portanto, planejar o curso de sua ação em classe, mas também modificá-lo quando ocorrem imprevistos.

O que é a partir de agora novo, é a contribuição da pesquisa em ensino, a qual há 40 anos vem contribuindo para formalizar e validar boas práticas pedagógicas que podem nos inspirar. Não se pode falar em ciência do ensino (como se fosse possível controlar todas as variáveis), mas, sim, de uma base científica para a arte de ensinar.

Nesse sentido, o **tato em docência**, essa capacidade de agir com arte na classe, de sentir as nuances de uma situação pedagógica e de ser capaz de intervir com perspicácia, sempre mantendo a relação com os alunos a fim de que a instrução e a educação possam se produzir, é uma dimensão essencial ao trabalho em vista de profissionalização. Tanto era uma qualidade essencial ao docente de ontem, como o é ao pedagogo de hoje.

2 Herbart, J. F. Tact, autorité, expérience et sympathie en pédagogie. Editado por J. Tilman (2007). Paris : Économica.

II. Mais uma vez[1]

Jorge Larrosa

1.

Este ano celebramos o Dia do Professor de uma forma paradoxal. O que se comemora no Brasil no dia 15 de outubro é o aniversário da lei assinada por Dom Pedro I em 1827 que ordenou a criação de escolas de primeiras letras em todas as cidades, vilas e aldeias do país. E nesse aniversário, neste ano de 2020, quase duzentos anos depois, somos apanhados com escolas fechadas. Nesse sentido, parece-me oportuno buscar as primeiras e últimas linhas da Pedagogia do Oprimido de Paulo Freire, porque lemos nelas, parece-me, mais de cinquenta anos após a sua publicação, alguns gestos que poderiam servir, se não como modelo, pelo menos como inspiração.

O primeiro gesto é "mais uma vez". A Pedagogia do Oprimido começa assim:

Mais uma vez, os homens, desafiados pelo drama da hora presente, colocam-se como problema.

Freire também viveu em tempos difíceis. Não somos os primeiros nem os últimos a viver momentos dramáticos, não somos os primeiros nem os últimos a sentir que o presente nos desafia. É sempre mais uma vez, e desta vez é simplesmente a nossa, a nossa vez, a que temos que viver e enfrentar. Mais uma vez, nós que vivemos e trabalhamos na escola e para a escola vivemos um momento dramático, e esse momento nos faz propor a nós mesmos, a nossa profissão, como problema. E mais uma vez, também propomos como problema a escola, aquele

1 Revisão: André Luiz Lanza.

espaço e aquele tempo que sustentamos e que nos sustenta, essa instituição onde desenvolvemos o nosso trabalho e que teve de ser renovada, redefinida e reinventada inúmeras vezes. E esse problema, essa pergunta que nos fazemos "mais uma vez", implica uma busca, uma indagação, orientada para uma resposta, sempre provisória e aberta a novas perguntas. Mais uma vez.

O livro de Freire termina assim: "Se nada resta destas páginas, esperamos que pelo menos algo permaneça: nossa fé nos homens e na criação de um mundo no qual seja menos difícil amar".

O gesto é muito bonito: escrevi muitas páginas, cunhei alguns conceitos, fiz algumas propostas, dei algumas respostas... Procurei, indaguei, me perguntei e tentei responder e formular novas questões... mas as ideias mudam, mudam as circunstâncias, as propostas envelhecem, as respostas são provisórias, até as perguntas não duram para sempre... tudo isso o vento leva... tudo isso não permanece... mas, espero sim, que algo permaneça. E aí pronuncia-se a palavra "fé". O que Freire quer transmitir, portanto, é uma espécie de fé ou, se preferir, uma espécie de confiança.

Poderíamos então dizer que o que deve ser renovado, mais uma vez, nestes momentos dramáticos, não é outra coisa senão a nossa fé, a nossa confiança, tanto na escola como no nosso papel de professores. Só assim poderemos responder ao drama do momento, procurando fazer com que a escola continue a ser escola e que os professores continuem a ser professores. E isso pode ter a ver com duas das palavras da última frase de Freire, com a palavra "mundo" e com a palavra "amor", duas palavras que, como você sabe, são essenciais na pedagogia freiriana.

Para alguns de nós, escola tem a ver com apresentar o mundo, com abrir o mundo, com fazer com que crianças e jovens se interessem pelo mundo. Jan Masschelein e Maarten Simons, por exemplo, em sua "Defesa da escola. Um problema público", desenvolvem a figura do professor amador. Para o nosso modo de pensar a escola e o ensino, tem sido fundamental o último parágrafo do texto de Hannah Arendt intitulado "A crise da educação", aquele que diz que educação tem a ver com amor ao mundo e com amor para a infância. E o que acontece agora, como no tempo de Freire, é que amar é difícil. Mas temos que renovar a nossa confiança numa instituição que continua a ensinar crianças e jovens a amar o mundo, a matéria do mundo, fazendo da matéria do mundo uma matéria de estudo para entregá-la aos novos, para que se torne o pretexto do discurso, do julgamento e do pensamento, para que as crianças e os jovens aprendam a dizer, julgar e pensar a sua relação com o mundo. Para que possamos continuar a amar as crianças, claro, cuidando delas, claro, nos preocupando com elas, claro, mas acima de tudo, porque esse é o nosso trabalho, chamar a atenção deles para o que vale a pena no mundo e tentar interessá-los por isso.

Por isso, se agora é mais uma vez, os verbos adequados à nossa problemática relação com a escola e com o nosso ofício são verbos que começam com "re": recuperar, restaurar ou reinstaurar, repensar (mas para repensar é preciso recordar), reimaginar, reconstruir, refazer, renovar ou reformar (mas para renovar é preciso respeitar).

Os gestos freirianos que quis mostrar remetem, portanto, mais uma vez, ao fato de mais uma vez ter de renovar a nossa fé na escola, no que a escola tem a ver com o amor e com o mundo, e que temos que renovar nossa confiança em nós mesmos, em nosso trabalho, em um trabalho que é vital, como disse Arendt, para a renovação de um mundo comum.

2.

Esta pandemia fez com que escolas fechassem. Todos os dias, desde o início da pandemia, como todos vocês, tenho ouvido muitas vezes que "nada será como antes", que "estamos em uma mudança de época", que "temos que aprender a viver agora e fazer as coisas de forma diferente". Sabemos que as crises, como as guerras, como as pragas, são aceleradoras de mudança. Sabemos também que os seres humanos são animais de hábito, que as sociedades humanas só são viáveis se atingirem uma certa estabilidade, que as instituições humanas exigem uma certa permanência, que o mundo humano, para ser assim, exige uma certa durabilidade, que os seres humanos precisam de uma certa tranquilidade para se encontrar, conversar, pensar, decidir. Nós dolorosamente sabemos que às vezes é necessário uma guerra ou uma crise ou uma praga ou uma catástrofe de vez em quando, alguma forma de violência, alguma turbulência definitiva, para desenraizar indivíduos, para destruir coletividades, para dissolver vínculos, para corroer instituições, para arruinar o mundo, para virar tudo de cabeça para baixo, de modo que um estado de choque imprevisto nos deixe atordoados e nos deixe vulneráveis e desorientados, como se nos faltasse o chão, sem tempo para nos encontrar, nem falar, nem pensar, nem decidir, ouvindo continuamente, atrás da nuca, aquele canto que "tudo mudou", que "agora entramos definitivamente no século XXI", aquele mandato que "temos para nos reinventarmos", e que é apenas uma forma enganadora de nos dizermos que "temos de nos adaptar".

Em relação ao que nos interessa aqui, em relação à forma da escola e à materialidade da profissão docente, é claro que essas são coisas muito frágeis, muito precárias e muito vulneráveis. Por isso, deve ser criado e sustentado continuamente, como milhões de professores e alunos em todo o mundo fazem todos os dias. Durante a pandemia, tentamos sustentá-la por outros meios, sob outras condições. Para que ela, ao mesmo tempo, sustente algo. Por exemplo, para dizê-lo novamente em arendtiano, a transmissão e a renovação de um mundo comum. Ou, para colocar em freiriano, a consciência de nossa relação com o mundo. Algo que também se inscreve na nossa própria fragilidade como seres humanos, na nossa precariedade antropológica, na nossa enorme vulnerabilidade como indivíduos e como comunidades. Porque a escola, como a nossa própria humanidade, como tantas outras coisas, está sempre por um fio.

3.

Como eu disse, essa pandemia afetou a forma da escola e a materialidade da profissão docente. Mas também afetou o estado de espírito (individual e coletivo) de todos nós que vivemos e trabalhamos na escola e para a escola. Uma das coisas que pareci perceber em mim e em muitos dos professores com quem conversei é que essa crise feriu nosso espírito. O fechamento das escolas foi um choque para todos nós, do colapso e da angústia passamos a uma certa epopeia de resistência acompanhada de muita preocupação e um certo sofrimento, mas o que sinto agora é um certo desânimo. Não direi pessimismo, nem apatia, nem relutância, nem desmoralização ou desmotivação, embora haja um pouco de tudo isso. Um amigo usou a palavra "descoraçonamento", como se o nosso coração estivesse um pouco abatido, e um amigo usou a palavra "desencorajamento", como se estivéssemos com dificuldade em encorajar e respirar. A expressão poderia então ser "para frente, coração", "que os tristes não nos dominem" ou, como diziam os antigos militantes, "indisponíveis para o desânimo". Mas vou encerrar este texto de outra forma.

Você sabe que o ministério da propaganda nazista, chefiado por Goebbels, tinha a tarefa de "organizar o otimismo". As reformas neoliberais da escola também se tornaram uma espécie de otimismo progressista com palavras como "inovação", "progresso", "melhoria", "mudança", um otimismo muitas vezes simplista, que visa vender bugigangas pedagógicas, com base em uma ideia extremamente destrutiva de mudança. Mas Walter Benjamin, há muitos anos, em tempos, também, como o de Freire, como o nosso, dramático, disse que talvez a tarefa da esquerda fosse organizar o pessimismo. Em um texto sobre o surrealismo, e seguindo uma ideia de Pierre Naville, Benjamin afirma que a organização do pessimismo deve se tornar a demanda política do dia.

Entre o otimismo estúpido e o fatalismo paralisante, diante daquele pessimismo relacionado à resignação, a renúncia, ao "não importa", "não há nada a fazer" e "salve-se quem pode", com resignação e niilismo, a questão é se um pessimismo que estimula a ação e o pensamento coletivo é possível, se um pessimismo ativo e organizado é possível, prático, que pode evitar, unindo forças, que venha o pior, aquele futuro inevitável cuja chegada foi acelerada pela pandemia e tem a ver, parece-me, com o enfraquecimento da escola como instituição pública voltada para o mundo, sua transmissão, sua comunização e sua renovação.

Acredito que, mais uma vez, só poderemos responder ao drama da hora atual indagando e perguntando, claro, pensando e repensando, também, agindo no descoraçonamento e desencorajamento, talvez, mas tentando, juntos e organizados, de defender a escola, para a renovar e reinventar, sem abrir mão de que a escola continue a ser escola e de que nós possamos a ser professores e professoras. Talvez professores renovados e reinventados, que isso já fizemos muitas vezes e nunca nos assustou, mas professores no final das contas, praticantes de um ofício milenar que tem a ver com o amor e com o mundo.

Feliz Dia dos professores!

III. Ofício de Ensinar: algumas reflexões[1]

Asunción López Carretero

Fico muito feliz em colaborar na comemoração do Dia do Professor no Brasil. É uma celebração especial para mim porque sou professora e cresci em uma família de professores.

Minha vida sempre se passou entre professores e professores, entre pessoas dedicadas ao oficio de ensinar. Posso dizer que nasci em uma escola, - minha avó materna era professora primária e morava no prédio da escola, ela era a diretora-, foram tempos difíceis que vivemos. Estávamos em uma ditadura e a escola estava na mira do poder. Mesmo assim, com o que lembro e tenho conseguido refletir à distância, ela nunca desistiu do desejo de dar aulas para crianças, -meninas- já que a escola pública da época não era mista, colocando esforço e paixão, procurando espaços nos quais pudesse viver uma certa liberdade para ela e para "suas meninas", como ela as chamava.

Suas companheiras, também mulheres, mostraram grande alegria de viver. Eles iam até a casa da avó e continuavam conversando sobre a escola entre risos e bolos.

Nem tudo era claro, também havia muita escuridão naquela época, e era palpável o medo muitas vezes na voz e na face daquelas mulheres. A maioria delas

1 Revisão: André Luiz Lanza.

havia iniciado sua carreira profissional na República, haviam passado por uma guerra e estavam em uma realidade que havia mudado completamente.

São cenas que jamais esquecerei. E ao longo da minha vida estar rodeada de professores e desfrutar em primeira pessoa da profissão de professor foi um grande privilégio. Ensinar é um legado do qual me orgulho muito.

Aquelas mulheres me ensinaram um ofício em que se entregavam por completo. Com suas dúvidas e suas emoções, com suas luzes e suas sombras - Com a dureza que sentiam quando uma aluna deixava a escola e ia trabalhar ou se casar ainda jovem. Mas eles sempre perseveraram, defendendo seu pequeno-grande espaço de liberdade. O que fazia com que essas professoras perseverassem, como tantas outras, apesar das grandes dificuldades e obstáculos do momento? Estamos na Espanha dos anos 50 aos 60. Não era comum que as mulheres estudassem, porém muitas de suas alunas as seguiam. Foi uma aposta corajosa. Podemos dizer, sem medo de errar, que contribuíram, como diz a filósofa Hannah Arendt, para evitar que o mundo se desintegrasse, para gerar laços de amor e conhecimento com as novas gerações.

Elas mostraram que ensinar é uma paixão que transforma o trabalho em uma profissão. Me transmitiram uma forma de estar no mundo e de fazer escola com o que se tem, com os limites e condições de cada momento, apoiando o essencial do ofício e sabendo como se relacionar com esses limites em uma época de grande precariedade.

Na escola, não se trata apenas de transmitir conhecimentos sobre o mundo, mas, antes de tudo, oferecer à nova geração a possibilidade de se relacionar e, portanto, de se distanciar de diversos mundos - não só de vivê-los, mas de vivenciá-

-los e pensar com eles - e, em segundo lugar, sentir-se vinculado e preocupado por eles. Na escola o mundo começa a falar, a contar-nos coisas, encarnado nas pessoas que assistem a esse encontro mágico e surpreendente.

A arte de fazer escola é uma arte mágica que traz um mundo à presença, um mundo que muda nossa relação com as coisas, que nos vincula a elas, que passamos a pertencer, a conviver, a fazer COM os outros e outras um caminho comum.

Por que trago essas memórias? Não se trata de recordar um passado de forma melancólica, mas de continuar a procurar as dimensões essenciais que sustentam a profissão do magistério, tendo em conta a realidade presente.

O vínculo com o ofício

Vivemos em um mundo em que há ausência de vínculos ou em que eles são muito precários. Essa ausência se reflete em um desligamento do que acontece com o que nos acontece, o que provoca uma falta de sentido da nossa própria existência e uma solidão que nos faz viver em pequenas bolhas. A fragilidade interior, fruto desta ausência de vínculos, de não se sentir parte de algo, se oculta em um "ego" aparentemente engrandecido e onipotente. Um eu que se refugia no ter e não no ser.

Nestes tempos de pandemia, as grandes lacunas em nosso modo de vida se tornam mais evidentes; é curioso como agora estamos descobrindo a óbvia vulnerabilidade humana, as áreas de sombra por onde passamos. A dor nunca foi privada porque existe uma ligação entre o que nos acontece no singular e o que acontece em comum, só que em muitas sociedades vivemos numa bolha de indiferença, ignorando-nos uns aos outros.

Nossa sociedade valoriza o imediatismo, a aceleração, a acumulação de bens, não há lugar para refletir sobre o sentido da própria existência e relação com os outros para ter consciência do mundo comum que estamos gerando. A cultura do excesso, do eu soberano com toda a sua fragilidade e com toda a sua coorte de elementos do ego, que não reconhece a interdependência da vida, acaba nos fechando em pequenas prisões de insatisfação.

Esses modos de vida dominantes tiveram seu reflexo em uma tecnificação do corpo docente e em uma consideração contraditória da escola como causa e, ao mesmo tempo, como reparadora de todas as deficiências sociais.

Desta forma, a escola foi colonizada por cientificismos e demandas de fora, muitas vezes mergulhando os professores em paradoxos intransponíveis. Os cientificismos às vezes serviram como julgamentos ou sanções para professores e outros ao rotular criaturas, sem uma análise aprofundada do que acontece com eles e o que diz respeito ao ambiente escolar.

A nova forma de definir a função docente, a cultura da aprendizagem contínua e a reciclagem permanente são sinais de que as sociedades neoliberais têm procurado transformar alguns profissionais da educação em profissionais "todo-o-terreno", o que implica uma perda de autoridade simbólica, do sentido livre no ofício e do significado do comum.

Nesse contexto, é necessário voltar a pensar a profissão a partir de dentro, de nós mesmos e de nós mesmos como professores em relação às criaturas e às famílias. Colocar em palavras como vivemos, experimentamos e pensamos a responsabilidade de nosso trabalho colocando em jogo a paixão, a liberdade e o significado. Recuperando assim a autoridade e autorizando novas gerações a gerar seu próprio pensamento. Ressignificamo-nos como professores como sujeitos de experiência e criadores de pensamento educacional.

Pensar nos vínculos com o ofício não é um pensamento abstrato, mas é precisamente um pensamento corporificado em um corpo singular e em um mundo comum. São elos essenciais que permeiam nossas vidas e que exigem amor ao ofício, ao conhecimento, ao mundo e ao corpo discente. São elos comprometidos e ousados, orientados pelo sentido pedagógico de nossas formas de fazer.

Eles exigem uma aposta epistemológica que reconheça a possibilidade de um pensar próprio e original para cada criatura (ou aluno). Um pensamento que abre novos sentidos, compartilhando significados com os colegas e com o que foi instituído.

Pensar no vínculo com a profissão é pensar a partir de um lugar que cada pessoa vive do que é e do que põe em jogo na primeira pessoa e convida os alunos a falar e a viver a experiência ente todos de desenvolver um mundo comum.

Vida na escola

Professor é aquele que faz escola, ou seja, facilita e promove uma forma de relacionamento de cada pessoa consigo mesma, com o mundo e com os outros. Chamamos de escola um espaço-tempo definido, que hoje se encontra em um edifício - (mas que pode ser debaixo de uma árvore ou à beira-mar), no qual um encontro ou conversa intergeracional é proposto em torno do conhecimento.

Usei a metáfora do artesanato porque nos aproxima da maneira como o professor cria contextos de vida, compõe situações, momentos, reflexões, palavras que facilitam aos alunos e alunas implicarem-se em primeira pessoa e ao mesmo tempo se sentirem parte de um mundo comum que nasce na sala de aula e se abre para o exterior. Nesse processo, trata-se de acolher questões não previstas e gerar uma abertura - para criar e imaginar novos mundos - que nos transformam internamente - e dão maior densidade à realidade. Não é uma profissão, é uma forma de estar presente.

São os elos que põem em movimento as criaturas (ou alunos), pois por meio deles nascem as perguntas, é a voz do professor que tem autoridade para aproximá-los do mundo e tomar consciência do seu lugar nele.

Durante esta pandemia, um momento de crise existencial e social, tivemos a oportunidade de repensar a escola como espaço de vida. Porém, algumas vozes têm procurado minimizar esse valor reduzindo-o a um valor de "uso", para o mercado e para a produtividade, ou seja, para que as famílias continuem sendo exploradas pelo mercado e pela economia. Se mostrou de forma escancarada uma crise do sentido do humano e da autoilusão em que vivemos, com grande dificuldade em abrir conflitos internos que nos colocam em contato com a vulnerabilidade. A incapacidade de assumir o risco da dúvida, da incerteza, da insegurança que o contato com a experiência provoca – ao distanciarmos de nós próprios - exacerba o medo e a ansiedade. Mas, precisamente este espaço desestabilizador é o espaço onde pode surgir o pensamento: o espaço da possibilidade de pensar o impensável. Não queremos minimizar os custos econômicos e existenciais representados para muitas famílias. Vivemos em uma sociedade profundamente desigual. Mas a profissão docente sempre se move na incerteza, na dúvida, que surge precisamente desse contato direto com a experiência de vida, a própria e a dos alunos. Na vida que sempre gera situações imprevistas. E a partir daí podemos pensar, inventar, imaginar. Este é o núcleo essencial do nosso ofício.

As vozes de muitos professores expressaram tristeza por não terem uma relação cara a cara com suas criaturas. E as vozes de meninos e meninas expressaram, em muitas ocasiões, a frustração de não poderem se relacionar com seus amigos e amigas e em muitos casos com a professora. Qual é a perda então? Qual é o essencial que fomenta a relação educativa? Perda que não é corrigida mesmo nos casos em que há recursos materiais. Perda do encontro, do relacionamento, de pensar junto e de conviver em companhia. O que fez um professor exclamar: A escola é uma grande invenção! Um dos poucos locais de encontro que nos resta hoje.

Na sala de aula, o professor abre um mundo comum, e as criaturas ou alunos passam a pertencer e a viver uma experiência compartilhada. Por meio de uma conversa centrada na pluralidade de singularidades, ocorrem deslocamentos que convidam a gerar um espaço comum. É uma oportunidade única para crianças e jovens se interessarem por algo diferente de si mesmos.

Hoje, esse deslocamento é mais urgente do que nunca. As novas gerações devoradas pelo consumo e pela utilidade, presas em um eu frágil, estão experimentando as consequências de um mundo à deriva. Diante dessas deficiências que evidenciam a vulnerabilidade humana, vozes oriundas do neoliberalismo atribuem à escola o que chamam de gestão emocional com toda a coorte de "autoajuda". Da profissão de professor, a escola não pode cair nessa armadilha. Uma armadilha sedutora que mantém um "eu" preso em seus sentimentos, o que não permite ver além de si mesmo.

Viver, crescer e se relacionar

Sabemos, ao contrário, que é necessário para o crescimento como pessoa viver o espaço educativo como espaço para se sentir seguro, protegido, acolhido.

Sentir-se parte de uma comunidade é vital para as experiências humanas. Ou seja, tornar-se sujeito da própria vida, passando pela experiência de criar um lugar na escola a partir do qual cada criatura se relacione e seja reconhecida como competente para criar recursos e ser parte ativa do que ali acontece. Dessa perspectiva emerge uma cultura relacional fundamental para a vida. Uma cultura relacional que reconhece a singularidade de cada criatura sem forçar ritmos e experiências. Habitar um espaço é muito diferente de estabelecer regras fixas ou valores de convivência.

As novas gerações são a esperança de dar atenção a um mundo comum que lhes pertence, por isso é vital acompanhá-las para que possam passar do singular ao comum, compartilhando dúvidas, incertezas, medos, alegrias, cultivando a alteridade. Para que se reconheçam em uma genealogia de pensamento e se responsabilizem por suas vidas; assim, em suma, nasce a possibilidade de tomar consciência do que está nas mãos de cada um e de sair do egocentrismo e da indiferença.

O professor é uma presença que contém e acompanha com um sentido educativo, abre um espaço de ser e um convite a uma relação com o saber. Reconhece cada criatura com sua história, respeita os tempos subjetivos necessários para estar presente, permite seu próprio modo de fluir e estimula cada um a encontrar uma forma de elaborar sua intimidade e compartilhar. A experiência de si não se dissocia em dois mundos: o subjetivo / pessoal e o cultural / comum, mas uma membrana porosa permite que se conectem.

Vivi lindas cenas nas salas de aula nas conversas provocadas pela professora com as criaturas guiadas por seus comentários. As cenas que narrarei a seguir fazem parte de um processo iniciado como formadora e pesquisadora em que vivi a experiência de estar em sala de aula COM uma professora no seu dia a dia, para fazer pontes entre o que acontece na sala de aula e as inquietações que surgem na preparação para a profissão de docente em sala de aula universitária. (1)

Aproximar-me da escola novamente e viver essa experiência me conectou com o conhecimento relacional que uma professora coloca em ação quando orienta, cuida, guia e encoraja as criaturas a nomearem o mundo a partir delas.

Uma aluna da escola primária expressou sua experiência com a professora desta forma para nos explicar que ela os ajudava a "crescer por dentro":

> Nós pensamos sobre o que acontece conosco. Também fora da escola. Você nos ajuda a colocar palavras para explicar o que nos acontece... Às vezes não conseguimos encontrar a palavra e você nos dá uma "palavra-pista". [...] Xus nos faz pensar em como nos sentimos por dentro.

Com essas palavras lúcidas e sinceras, as criaturas expressam aquele "pensar grande" (Piussi, 2017, p. 15) com o qual põem em palavras a experiência de elaborar aquele espaço interior a partir do qual se relaciona com o mundo.

Em muitos casos, a escola gera o contexto para pensarmos juntos sobre a vida das criaturas, colocando o que nos acontece no centro para compartilhar e pensar com isso. Para ir mais longe, distanciando-se, ver com os olhos de dentro e de fora. Compreender, por exemplo, as consequências de nossas ações sobre os outros, ver-nos formando um tecido de interdependência, tomar consciência da vulnerabilidade de nossas vidas, são outras possibilidades que o vínculo educativo gerado em sala de aula põe em jogo. Compartilhar experiências permite vivê-las, pensar sobre elas e ressignificá-las de outro lugar maior, conectar-se de outras formas e descobrir novas formas de relacionamento.

A professora principal desta história (Xus) comenta em consonância com a experiência que partilhamos juntas, que o que ela adora é ver que as criaturas com as suas perguntas vão sempre além do que se esperava e ela desfruta vendo que cada vez surge algo inédito. "Estar com eles e elas é sempre uma aventura, ela me diz. Ouvir as criaturas é um prazer, mas exige que se deixe levar ... esperar ... ser surpreendido por elas - continua. É assim que cada criatura vai fazendo algo por si mesma com o conhecimento que desenvolve. Ouvir é sempre um deslocamento dessa primeira interpretação; é ir mais além das palavras, mas ao mesmo tempo sem se separar delas. É sempre uma dis-posição".

Lembro-me de ouvir um relato no qual as criaturas conversavam com ela sobre as necessidades materiais que criamos para nós mesmos. Eles já conversavam há algum tempo sobre as necessidades materiais e a conversa caminhava no sentido de que não precisamos de tantas coisas para viver e como com as coisas que temos podemos aproveitar para diferentes situações com pequenas mudanças.

> De repente Roger exclama: Mas há coisas que embora nós as tenhamos, ainda precisamos delas!! Xus fica pensativa: Como é que você precisa de algo que já tem? E Roger continua dizendo, sim, por exemplo, o amor de minha mãe: eu sei que tenho, mas ainda preciso. Ah !! -explica Xus- Estávamos falando de coisas materiais! Claro, cresci e ainda preciso da minha mãe, é verdade. Roger, não tínhamos percebido que estávamos falando apenas de algumas coisas. E a conversa com María continua: Se às vezes você está de mau humor, porque se zangou com seus amigos e depois quer comer chocolate ainda que te faça mal. A conversa se abre em direções muito interessantes. Ah!! -Fala Laura- às vezes fico zangada porque a minha mãe não me compra algo e na realidade estou mal-humorada com outra coisa e insisto nisso. Alba comenta: Minha mãe, se eu digo a ela que estou com fome e quero um bolo, ela me diz: "espera um

pouco e se daqui a pouco você continuar com fome eu te dou". Às vezes me distraio e não lembro mais e era que eu estava entediada ". É o que podemos chamar de: Lições do imprevisto.

Nessas cenas vislumbro uma forma particular de escuta da professora, que não é levar as criaturas a algum lugar já planejado, mas se deixar levar e depois pensar juntos. Deixe que flua descontroladamente, com confiança e segurando a incerteza.

Essa e outras experiências nos levaram a perceber que, como professores, não se trata de dar respostas ou interpretações, mas de buscar caminhos educacionais que ajudem a reconhecer a si e aos outros. Fazer crescer o mundo interno e externo, junto com a abertura de novas possibilidades. Os ajudar a se moverem na relação com o conhecimento e consigo mesmos. Não se trata apenas de quão especial que se tem que fazer com cada criatura, mas do especial que pode acontecer na vida da comunidade, do especial que é o espaço e os laços que são gerados na sala de aula.

O conhecimento do ofício

Uma professora como a que citamos acima mostra que os saberes demandados pela profissão educativa requerem uma aprendizagem concebida como um processo de criação e construção da própria subjetividade (Biesta, 2017), onde se cultivam modos pessoais de ser, de pensar e de saber.

Estamos perante um saber que se nutre das disciplinas, mas que as percorre para se ligar aos acontecimentos, à vida da sala de aula, elaborando o que é adequado em todos os momentos.

Esses conhecimentos profissionais foram nomeados de diferentes maneiras: conhecimento da experiência (Contreras, 2011), conhecimento prático pessoal (Connelly e Clandinin, 1998), conhecimento prático (Van Manen, 2015) ou sabedoria pedagógica (Biesta, 2017).

Em nossa perspectiva, inspirada pela investigação narrativa, tendemos a considerar que a experiência de ensinar e aprender implica subjetividade, pensar e transformar-se pessoalmente, sem dicotomias entre pensar e sentir, como consequência de uma complexidade hermenêutica. Ensinar como experiência rompe a dicotomia teoria-prática, e considera o saber do ofício como uma elaboração da experiência sem fragmentações, aprender é algo que nos marca, algo acontece dentro de nós. Se pensarmos em momentos-chave do nosso ensino, podemos perguntar: Prestamos atenção porque nos emocionou, ou quando prestamos atenção ficamos emocionados? com os quais os traços interiores não delimitam aspectos.

A consideração do ensino como uma experiência de vida imersa no contexto social e cultural abre novos significados educacionais. Isso nos leva a reconhecer as tensões constitutivas da docência e as dimensões pessoais e existenciais da profissão docente, o que significa estar atento aos acontecimentos da vida escolar, desta forma concebemos a profissão de professor em um movimento constante entre o que vivemos, o que somos e nossa relação com o mundo.

O pensamento narrativo nos permitirá esse trânsito na elaboração de conhecimentos culturais e educacionais, entre o pessoal e o comum. A narrativa nos coloca de maneira existencial diante dos acontecimentos; evoca o viver, com suas conotações dramáticas, subjetivas e contextuais, e desperta nossa imaginação sobre as múltiplas possibilidades das vicissitudes da vida (Ricoeur, 1995; Bruner, 1988).

Clandinin e Connelly (2000; Clandinin, 2013) na mesma linha apontam que as experiências que vivemos são expressas narrativamente; e essas histórias que contamos são também as histórias que contamos a nós mesmos e das quais vivemos. A partir dessas histórias, sustentamos nosso senso de educação, percebemos o que está acontecendo e agimos.

A formação não pode ser pensada, então, como uma simples aquisição de conhecimentos, estratégias e habilidades que devem ser posteriormente aplicadas pelos futuros professores em suas práticas. Numa perspectiva que leva em conta a natureza experiencial e narrativa do saber docente, a formação é fundamentalmente um processo contínuo de gestação de um saber pedagógico pessoal que contém aquelas narrativas das quais vivemos.

A investigação narrativa nos permitirá fazer essas passagens vitais, passagens de experiência e, finalmente, passagens formativas que nos levam a elaborar significados pessoais da profissão de educar. Uma indagação que não se refere a contar, mas a mergulhar nos sentidos que se abrem, fazendo crescer a realidade interna e externa. Um movimento que o convida a se repensar, não a partir de algo que acaba, mas sim de uma nova forma de ser e ser consigo mesmo e com a educação, um exercício de reflexividade constante que nasce de um movimento entre ser e saber.

Para que os professores sintam o desejo de criar mundos pensamos que um nó importante seja criar espaços de subjetivação pessoal e social em seus processos de formação. Para alguém ser capaz de reconhecer o outro em suas fraquezas e potencialidades, ele deve se reconhecer. O que acontece com os professores que esqueceram sua história? Não querer "saber" sobre a realidade interna, ligada à subjetividade e à origem de nossos desejos, costuma andar de mãos dadas com o não querer saber sobre a realidade externa. Uma pergunta que muitas vezes encontramos nas crianças, mas, infelizmente, também nos adultos que estão lá para acompanhá-las e que muitas vezes não se posicionam de maneira que ajude a crescer na relação educativa.

Ou seja, conceber a sala de aula de formação universitária também como uma experiência narrativa que se configura em conjunto e que ao mesmo tempo adquire significados particulares para cada aluno (Olson, 2000). Uma experiência que precisa ser resgatada, narrada e investigada para descobrir o que ela pode nos ensinar. Podemos fazer essas histórias evoluírem investigando-as: compreendendo o sentido pessoal a partir do qual vivemos e nos imaginamos como professores, e que está inscrito nessas histórias; procurando por novas leituras; abrindo novas perguntas para você; contrastando-os com outras experiências. E neste processo, o significado do nosso trabalho e a nossa forma de desenvolver a nossa prática também mudam (Clandinin, 2010; Clandinin et al. 2014).

O sentido do ofício de ensino

Para ilustrar os processos de formação que estamos realizando, nesta perspectiva apresento algumas pinceladas de um de nossos cursos de formação de professores no qual formulamos o sentido da questão da seguinte maneira:

O que te conta com sua história, suas pesquisas, afetos e referências, o sentido de ser professor? Este é o processo de investigação, que o próprio sujeito abre quando tem essa oportunidade. E nele há conquistas, mas também problemas, dificuldades nessa forma sempre aberta e indeterminada de elaboração.

A experiência de si surge quando encontramos as palavras para narrar e elaborar nossas experiências, para que possamos passar do subjetivo para os sentidos educacionais que se abrem nesse processo de autoconhecimento.

Somos contadores de histórias na medida em que a linguagem é o que nos explica e explica o mundo, constituindo-nos como sujeitos em relação. Essa abordagem epistemológica nos molda como parte da vida e da palavra. E da nossa singularidade caminhamos para o comum, sem perder o sentido do singular, mas expandindo-o, partilhando-o ou diferenciando-nos da palavra do outro. Em um movimento constante colado ao evento. Portanto, os trânsitos não são lineares, mas com uma dinâmica interna-externa constante. A aposta não é participar de um curso, mas sim fazer parte dele. Esse ser todo, no processo formativo, que um aluno de educação social expressa desta forma:

> Um espaço acolhedor para pensar, ler, questionar-nos, sentir, deixar-nos tocar e transformar. Um espaço que foi construído com todos eles, com cada um dos acompanhantes. Um espaço que não poderia ter ficado sem o envolvimento de todos e sem a abertura e convicção das professoras em quererem abrir tal espaço.

Aproximamo-nos da palavra, a partir da nossa experiência de ir ao encontro de outras vozes, na sala de aula, nas vivências materializadas que outros nos contam, na leitura de textos, num processo de procura de sentidos educativos, ora frágeis, outros escondidos, mas no qual reside sempre a possibilidade de nos dizer.

A conversa, conforme trabalhado por Maturana (2018), é o eixo em que cada um e todos têm a liberdade de entrar em ação. Para isso, é preciso se comprometer com a própria palavra, diferenciar entre opinar e entrar no jogo, esticar o fio e não ficar anedótico. E, claro, com a escrita e a leitura, elementos fundamentais que nutrem e descobrem novos sentidos para a conversa.

É por isso que cuidamos do espaço. Um espaço de convivência, no qual todos e cada um se sintam bem, mas ao mesmo tempo com confiança e respeito. Um tempo de repensar a nós mesmos, um tempo subjetivo em que a vida não é mercantilizada nem instrumentalizada, em que se privilegiam as relações e as relações com a cultura. Um momento de parar para ficar atenta, conforme explicado por outro aluno:

> Esta matéria foi uma revolução. Cada aula quebrou meus esquemas, ouvir minhas colegas tem sido uma das coisas mais lindas que me aconteceram nos 4 anos da minha graduação, criamos um espaço coberto de confiança e respeito, nos apoiamos em nossas conversas e aprendemos muito.

Adotar um ponto de vista narrativo para pensar e viver o ensino requer algo mais do que perceber as histórias que são vividas em uma aula, ou resgatar as experiências vividas. A perspectiva da indagação narrativa, desenvolvida por Clandinin e Connelly (2000), nos proporciona um quadro de compreensão e uma cultura de investigação que toma a experiência como ponto de partida, na medida em que é expressa narrativamente. Mas seu propósito não é fixar o significado da experiência, mas colaborar em sua evolução. Para isso, o importante é a forma como as histórias podem ser contadas uma e outra vez para, pensando com elas, abrir-se ao que estão a revelar, poder fazê-las evoluir e assim abrir novos entendimentos à experiência e novas possibilidades à sua evolução futura. Parafraseando Freire: "A palavra é o lugar do reencontro e do autorreconhecimento". Esse reconhecimento é expresso por outro aluno nestas palavras:

> O objetivo não é mostrar quem somos, mas os buracos que temos. Esses vazios que nos levam a pensar de forma diferente, de outras maneiras, que nossa voz não é uma voz do ego, mas sim tenta captar o que está acontecendo, o real, "a verdade". Os relatos de experiência levam você à essência de você mesmo,

promovem um processo de transformação de si mesmo, uma potência de ser de outra forma, de pensar de outro lugar.

O processo de indagação que acompanhamos, e do qual estamos tratando aqui, não foi um processo diferente do processo de formação que foi seguido durante o curso: são as histórias que alunos e professores foram compondo no decorrer do desenvolvimento das aulas, ou da reflexão e preparação delas, que ao mesmo tempo nos permitem aprofundar a nossa experiência. A investigação narrativa foi o alicerce da experiência formativa que buscamos realizar e agora é a maneira que procuramos torná-la inteligível.

O aprofundamento narrativo da experiência leva em conta que as histórias que contamos são constituídas por "narrativas institucionais, sociais, culturais, familiares e linguísticas", compartilhar essa experiência e nomeá-las faz com que, como expressa esta aluna de formação primária, de abrir-se para outras leituras:

> O discurso que criei para mim é rompido diante de outro discurso do mesmo, mas vivido da voz de quem sofreu de outro ângulo, de quem perdeu o pai naquela luta. Com isso, abriu para mim a possibilidade de repensar e re-sentir a mesma história.

E para abrir novas leituras e possibilidades a essas histórias precisamos nos deter nas três dimensões narrativas que Clandinin e Connelly (2000) apontam: na dimensão temporal (para pensar a relação entre o momento em que a experiência aconteceu, o momento em que contamos e recontamos e o sentido do futuro em que o projetamos); em segundo lugar, na dimensão espacial (ser capaz de perceber o contexto da história); e em terceiro nas relações entre o pessoal e o social, presentes em qualquer história. Esta última dimensão também nos ajuda a nos questionar sobre as diferentes maneiras como uma história pode ser vivida e contada por seus diferentes participantes, e imaginar as diferentes histórias que cada protagonista poderia construir sobre si a partir das experiências vividas.

A aula como experiência não está isenta de resistências, pois nos propomos a gerar experiências para vivermos de outro lugar e assim abrir o espaço mental e de relação com o ofício. E isso não é uma tarefa fácil ou sem dificuldades e obstáculos pessoais e sociais.

Os professores criam contextos de vida para que quem esteja em sala de aula possa se envolver e se envolver na primeira pessoa, tornar públicas suas vozes e gerar aberturas em relação à educação.

Pensar e pensar-se a partir de outro lugar, como expressa este aluno de educação primária que se desloca para compreender seu ofício ampliando significados educacionais.

> Ouvir ao outro com intenção, deixando para trás o previsível ou o que já se sabe sobre a pessoa que está sendo ouvida e com a mente vazia de todos os estereótipos ou preconceitos que possam condicionar as informações recebidas. Assim, nesta escuta descobrimos o menino ou a menina e podemos vê-lo em sua totalidade, não isoladamente, mas com suas relações e circunstâncias, com suas ações e reações e todas as suas possibilidades.

Para continuar pensando, uma conversa sempre viva

Essa conversa aberta se sustenta em cada professor que a inicia em sua sala de aula com seus alunos. Devemos reconhecer e nos reconhecer como criadores do pensamento educacional e ousar escrever e comunicar as histórias de experiência que nascem nas escolas. A autoridade circula e emerge da troca, do reconhecimento mútuo entre professores, não das deficiências, mas da narração das experiências, do "Saber o que se conhece" como Anna Ma Piussi o chama.

Comecei este texto com uma história da minha infância. Tive a sorte de viver esse privilégio de crescer entre professores, por isso considero fundamental o espaço de encontro intergeracional que a escola e os espaços educativos representam, da infância à universidade.

Viver a experiência dessa troca é um dos alicerces para que o mundo não se desintegre. Pensar e pensarmos juntos é uma oportunidade, para além das ideologias do momento, de escrever a própria vida e inscrever-se num mundo comum como sujeito ativo.

Termino com estas palavras de Freire que se conectam com o meu sentimento e pensamento sobre a educação:

"A educação é um ato de amor, portanto, um ato de coragem".

Agradecimentos

Agradeço especialmente a Fabrício Caivano, fundador da Revista "Cuadernos de Pedagogía" e referência em educação na Espanha, pela leitura e comentários ao texto. Também aos meus colegas do espaço: "Comunidade do Pensamento Livre", cujos encontros, presenciais ou online, dependendo das circunstâncias, me alimentam muito. Eu reconheço suas palavras neste texto.

Referências

Bruner, J. (1988). Realidad mental y mundos posibles. Barcelona: Gedisa.

Clandinin, D. J. (2010). Learning how to teach: A question of knowledge. Education Canada, 40 (1), 28-30.

Clandinin, D. J. (2013). Engaging in narrative inquiry. Londres: Un sentido narrativo de la Didáctica Routledge.

Clandinin, D. J., Schaefer, L. y Downey, C. A. (eds.) (2014). Narrative conceptions of knowledge. Towards understanding teacher attrition. Bingley (UK): Emerald.

Lopez Carretero, Asunción (2020) El desconcierto, Márgenes :Revista de Educación de la Universidad de Málaga,vol I número 2 página 185-192"Lo Anna MA Personal en lo educativo" Revista interuniversitaria de formación del profesorado Vol 34 páginas 227 a 242.

López Carretero, (2019) Enseñar el oficio de enseñar, una artesania del alma. Revista Iberoamericana de Estudios de Educación Vol 14 de)17 a 927

López Carretero, Asunción, Maria Dolores Molina Galván (2016) Relatos con los que pensar Cuadernos de Pedagogía número 470, páginas 52-58.

López Carretero, Asunción (2016) Genealogía femenina: un movimiento de libertad femenina que atraviesa el negativo sin destruir. Duoda. Revista de Estudios Feministas páginas 86 a 92

Piussi Anna MA "Saber que se sabe" (1997) Icaria Editorial. Barcelona.

IV. Professora e professores de todos os países, uni-vos ...[1]

Philippe Meirieu

Há a Bolsa de Valores de Chicago para o comércio global de trigo, o índice NASDAQ para indústrias digitais, o CAC 40 para transações financeiras em Paris ... e as pesquisas PISA para nossos sistemas escolares. Este Programa Internacional de Acompanhamento de Alunos avalia, desde 2000, o nível de alunos de quinze anos nas áreas da fluência escrita, competências matemáticas e conhecimentos científicos. Ele compara, nesses tópicos, o desempenho dos países da OCDE e de um número crescente de outros Estados ao redor do mundo. A sua publicação, a cada três anos, é examinada por todos os especialistas em educação e suscita inúmeros comentários da mídia.

Com o passar dos anos, as interpretações tornaram-se mais cautelosas. As classificações por país oscilam menos ... e acertamos, pois o número de países muda durante cada pesquisa. Estamos menos dispostos a correlacionar os resultados obtidos por nosso país com as reformas realizadas pelos últimos ministros em exercício ... e temos razão, pois os estudantes de quinze anos experimentaram reformas feitas há uma dúzia de anos. Procuramos tomar menos como exemplo os sistemas escolares que têm os melhores resultados ... e temos razão, pois os sistemas em questão estão longe de ser homogêneos e que, mesmo que metade deles estejam na Ásia, encontramos também excelentes resultados em países tão

1 Revisão: André Luiz Lanza.

diferentes como Estônia, Canadá ou Austrália. Nos precipitamos menos em métodos educacionais que parecem produzir "resultados milagrosos" ... e estamos certos, pois países como a Coreia do Sul e a Finlândia, que há muito tempo estão na liderança, são, neste ponto, polos opostos: o primeiro promove um treinamento intensivo estimulado por uma infinidade de avaliações e competições, com uma seleção drástica no final da escola primária e considerável pressão sobre os pais para que repitam a jornada de ensino com várias horas de aulas particulares adicionais; o segundo proíbe qualquer avaliação gradativa e qualquer classificação até a idade de quinze anos, rejeita qualquer competição em benefício de ajuda mútua e cooperação sistemática, acolhe todas as crianças na mesma "escola básica" durante sua escolaridade obrigatória e oferece, no período da tarde, atividades manuais, artísticas ou esportivas.

Em outras palavras, não é absolutamente possível tirar conclusões dogmáticas das avaliações do PISA. Seu exame invalida completamente até mesmo aqueles que afirmam "conduzir a escola por resultados": eles querem alcançar "bons resultados" imitando a Finlândia ou a Coreia do Sul? E como, na realidade, dificilmente é possível transpor para nossa realidade um ou outro destes dois sistemas tendo as especificidades históricas e sociais pesando nas questões escolares, nenhuma comparação internacional nos isenta de uma reflexão sobre nosso projeto educacional: quais crianças queremos formar e para qual sociedade? E quais práticas educacionais queremos implementar para isso?

No máximo, os exames PISA nos informam, a cada entrega, a nossa própria situação e a sua evolução: aí aprendemos que somos um dos países onde o fosso entre os melhores e os piores alunos é enorme - o equivalente a quase quatro anos letivos -, um dos países onde a origem social mais pesa no sucesso acadêmico e um dos países onde o barulho em sala de aula e as questões disciplinares mais tomam o tempo de ensino. E vemos que essas dificuldades, que se agravam há muito tempo, dificilmente desaparecem hoje ... Mais uma razão para se mobilizar!

Mas seria errado acreditar que essa mobilização deva se limitar a uma adaptação sistemática dos testes PISA ao longo da escolaridade: a obsessão pelo termômetro não abaixa a temperatura! Pode até fazer com que negligenciemos outros sintomas, mais qualitativos, que, se os examinássemos cuidadosamente, seriam de grande valia para compreender o quadro geral e encontrar os remédios certos.

Aqui está precisamente o perigo essencial das avaliações quantitativas: num terrível "efeito jivaro", reduzem o empreendimento educacional ao quantificável e comparável e, portanto, ao que pode ser colocado no mercado da grande "bolsa internacional de educação" onde os testes PISA se tornaram a moeda única. Assim, orquestram uma redução gigantesca da educação ao que é estritamente calculável, tanto nas políticas escolares - onde a qualidade da "gestão" é julgada apenas pelos seus resultados quantificados - como no comportamento das famílias - muitas vezes ditado pelos rankings dos estabelecimentos - e, ainda, a prática nas salas de aulas onde é imposto, cada vez mais, o que os professores dos Estados Unidos vêm denunciando há anos: o ensino para as provas.

Avaliar: para comparar ou para progredir?

Marx e Engels, já em 1848, observaram que as fábricas, sob a influência do lucro, haviam se transformado em gigantescos autômatos atribuindo aos operários, tarefas repetitivas geridas por critérios exclusivamente contábeis: denunciavam um mundo de relações entre os homens que eram governados pelas "duras exigências dos números" e onde a burguesia tinha afogado toda a forma de humanidade nas "águas glaciais do cálculo egoísta"[2]. E Paul Claudel, a mil milhas de distância, recusando-se a encerrar seus escritos em um formalismo contábil e reivindicando uma poesia em que, por meio do jogo de timbres e ritmos, acentos e assonâncias, pudesse transmitir toda "a música da linguagem", escreveu em 1942: "É preciso ter no poema um número tal que impeça a contagem"[3].

Isso foi muito antes do PISA, da hegemonia das avaliações quantitativas e "orientadas para resultados". Isso foi antes de confundirmos cifras e valor. Porque, como pergunta o psicanalista Jean Oury, com uma bela franqueza calculada, "quanto vale um aluno que se atreve a escrever um poema, que começa a brincar com os números, que não tem mais medo de falar diante de seus camaradas, quem descobre o significado de um mapa geográfico e se maravilha diante de uma pintura? Quanto custa uma criança que sorri e diz olá pela manhã quando chega à escola?".

Isso significa que devemos rejeitar qualquer avaliação da atividade educacional? O perigo seria grande, então, de se refugiar no inefável, ou mesmo de reivindicar irresponsabilidade social. Claro que a relação pedagógica é sempre única e os seus efeitos nem sempre são perceptíveis a curto prazo, mas não é, no entanto, um assunto privado: o professor exerce uma função num sistema e é remunerado pelo Estado graças ao dinheiro do contribuinte. É claro que a educação de um sujeito não é a fabricação de um objeto e, quando temos a ambição de acompanhar

2 Manifesto do Partido Comunista. Devo isso a Bernard Stiegler por chamar minha atenção para este aspecto da obra de Marx e por me dar a seguinte citação de Paul Claudel.

3 Cent phrases pour éventail, *Paris, Gallimard, 1996.*

o surgimento da liberdade e o compromisso com a aventura do aprender, nós não podemos ser forçados a "se responsabilizar", mas é necessário, pelo menos "prestar contas": como um médico, ao professor, de fato, não pode ser atribuída à "obrigação de resultado", mas tem um imperativo: "obrigação de meios". É certo que o encontro entre um estudante e a cultura não é facilmente avaliável com base em critérios puramente factuais e "objetivos" - a menos que se confunda entrada na cultura com preparação para o Jogo dos Mil Euros. -, mas é necessário encontrar indicadores que avaliem o empenho dos professores e o nível de exigência a que chegaram ... sob o risco, do contrário, de ficarem seriamente desacreditados[4].

É por isso que é urgente que os professores, mas também todos aqueles que fazem parte da profissão educativa, em equipe, nos movimentos pedagógicos ou dentro de suas organizações profissionais, na França e no mundo, construam novas ferramentas de avaliação de suas práticas. Não é mais possível reclamar dos efeitos deletérios das avaliações internacionais e institucionais sem desenvolver alternativas, discutindo-as com o empregador, experimentando com os alunos, apresentando-as à mídia e aos pais.

Eu mesmo trabalhei nesta difícil obra em várias ocasiões. Nas escolas primárias, nós refletimos, com professores e pais, sobre os indicadores que permitem identificar nos alunos a sua vontade de ler e a sua vontade de se documentar, a sua capacidade de mobilizar conhecimentos matemáticos para resolver os problemas da vida cotidiana, seu apetite pela criação artística ou seu nível de expressão oral. A escolha desses indicadores é delicada e a coleta de informações exigente, mas a iniciativa é infinitamente fecunda. Quando, por exemplo, na questão da leitura e da pesquisa documental, colocamos como indicador a frequência à *Bibliothèque*

4 Sobre a questão da avaliação do trabalho e a necessidade de inventar um novo paradigma para ela, veja os estimulantes trabalhos de Christophe Dejours e seu último trabalho, Situations de travail, Paris, PUF, 2016.

Centre Documentaire, os empréstimos e o uso de livros, não apenas nos dotamos de uma ferramenta para ver o desenvolvimento de cada um, mas também nos propomos um objetivo pedagógico que é particularmente propício a estimular novas iniciativas tanto entre professores como entre os pais. As apresentações vão se multiplicar. Um clube de leitura vai nascer. As trocas de livros entre famílias vão aparecer. E os alunos podem até decidir dar um prêmio literário!

Em um colégio onde os professores identificaram como eixos principais de atuação o combate à violência e a escrita de textos longos em todas as disciplinas, buscamos, associando os representantes discentes, quais indicadores poderiam atestar avanços nessas duas áreas. Escolhemos, claro, em primeiro lugar, indicadores muito simples, como a diminuição do número de brigas no recreio ou expulsões das salas de aulas por comportamento violento, mas também imaginamos indicadores mais surpreendentes: o número de debates organizados nas aulas, a percentagem de alunos envolvidos em situações de ajuda mútua ou assumindo responsabilidades na vida do colégio, e ainda a frequência na associação desportiva que acabara de lançar a atividade de karatê! Isso porque a busca por indicadores de sucesso não fornece apenas os meios para fotografar o estado atual de um estabelecimento, mas estimula por si mesma, uma verdadeira criatividade coletiva. Vimos isso também na difícil questão de compromisso com a escrita e domínio da língua: depois de ter, num primeiro passo, proposto como indicadores de sucesso as boas notas no francês e a diminuição do número de erros ortográficos em outras disciplinas, as sugestões vieram em todas as direções: a quantidade de artigos para o jornal, resenhas de filmes nas paredes do pátio, relatos de experimentos científicos e, até mesmo, o número de participantes no concurso de cartas de amor que os próprios alunos decidiram organizar. Na verdade, a reflexão sobre a avaliação estruturou toda a vida do colégio e deu-lhe uma identidade: quando decidimos juntos o que queremos ser e os meios para alcançar, criamos o que os sociólogos chamam de um "efeito de estabelecimento" que repercute nos compromissos individuais e também na estruturação do coletivo.

E o que é possível no colégio é, a fortiori, tanto no ensino médio quanto no superior. Sem negar nem um pouco a importância dos resultados dos exames, os atores podem se engajar na definição de indicadores de sucesso em áreas tão distintas e complementares como a pesquisa documental e o engajamento cidadão, a troca de notas, a leitura e o trabalho cooperativo, o envolvimento dos representantes ou a dinâmica cultural do estabelecimento.

No entanto, por mais importante que seja essa dinâmica local, ela não pode prescindir, em qualquer nível que seja da instituição educacional, da inclusão em uma estrutura mais ampla. Existe, de fato, o perigo de os projetos escolares, ao se dotarem de indicadores específicos, se esquecerem de que fazem parte de uma ambição comum. Por isso, é fundamental construir uma verdadeira alternativa global às avaliações tecnocráticas que agora se alastram pelos sistemas educacionais: os professores de todos os países devem ter uma ferramenta que permita "dar conta" dos meios necessários que eles estabelecem coletivamente para promover o acesso de todos à cultura, o desenvolvimento da liberdade de pensamento de cada um, bem como a ativação da solidariedade necessária para garantir o futuro comum. Talvez uma organização não governamental, como a UNESCO, deveria substituir a OCDE aqui, que é pouco mais do que um "amigo" para a promoção do liberalismo, criado em 1948 para implementar o Plano Marshall, e que está hoje tentando impor seus critérios de eficiência a todo o mundo? As Nações Unidas honrariam a si mesmas e honrariam sua promessa ordenando à UNESCO que desenvolvesse um "manual de especificações"[5] com indicadores de avaliação

5 Eu busquei elaborar tal "manual de especificações" para os estabelecimentos franceses ; ele é, evidentemente, incompleto e é bem vinculado à situação nacional, mas pode ser encontrado no link a seguir: http://meirieu.com/MANIFESTESETPROPOSITIONS/cahier_des_charges_ets.pdf. Ver,

para a implementação da educação emancipatória e "pedagogia solidária"[6]. Isso não forçaria estados ou escolas a abandonar o sistema que usam, mas permitiria a todos e todas se situarem em relação a uma perspectiva comum: o conhecimento fundamental - aquele que une os humanos ao invés daquele que os separa, aquele que os liberta e não aquele que os escraviza - e os valores que ainda podem nos impedir de cair na barbárie: o respeito pela alteridade e a cooperação a serviço de todos. O negócio é difícil, claro, mas quem se atreverá a dizer que não é essencial?

Ensinar: aplicar ou conceber?

É essencial, de fato, nem que seja para remobilizar todos os professores nas questões civilizacionais e planetárias que devemos enfrentar. Isso porque, apesar do aumento do nível acadêmico de seu recrutamento, estamos de fato testemunhando uma real proletarização dos professores. A esse respeito, muitas vezes se acredita que Marx teria se referido aos trabalhadores como "proletários": isso é completamente incorreto. Marx explicou que os trabalhadores foram os primeiros a serem afetados pelo processo de proletarização: a máquina lhes impõe sua lei e eles são obrigados a se colocarem a seu serviço. Começa com a tomada de poder sobre o seu modo de vida - os "três oitos" -continua com a fragmentação das suas tarefas e a impossibilidade de perceber o seu significado - o taylorismo dos Tempos Modernos - manifestado pelo isolamento instituído e a proibição da cooperação, resultando na impossibilidade de mobilizar a própria inteligência no

também, para as proposições bem concretas, Philippe Meirieu, Ecole : demandez le programme, Paris, ESF éditeur, 2006.

6 Este é o título do belo manifesto de Sylvain Wagnon, Pour une pedagogie solidaire, Paris, Sipayat, 2019. A UNESCO publicou em 2016 o programa "Educação 2030": Declaração de Incheon e Marco de Ação implementação do Objetivo 4 de Desenvolvimento Sustentável - Rumo a uma educação de qualidade inclusiva e equitativa e aprendizagem ao longo da vida para todos. Este documento muito interessante, infelizmente, permaneceu amplamente ignorado e não se impõe como "especificações" para uma avaliação das políticas educacionais.

trabalho[7]. É, explica Marx, o enriquecimento dos acionistas e o empobrecimento - material e intelectual - dos executores. Mas é também a ditadura dos procedimentos e a impossibilidade de qualquer indivíduo de se investir na sua função, exercer o seu julgamento pessoal e mostrar sua criatividade.

Assim levado por um turbilhão de instruções, o professor luta para voltar a se concentrar em seu trabalho pedagógico. Tanto mais que este lhe parece cada vez mais colonizado por receitas que deixam pouco espaço para sua reflexão e sua iniciativa. Ao promover, de fato, muito oficialmente, "uma abordagem racional, desprovida de ideologia e baseada na experimentação e na evidência"[8], a instituição sugere que existem, não apenas "ferramentas que deram provas do seu valor", mas, ainda mais, verdadeiros "algoritmos de ensino" modelados ou deduzidos de "algoritmos de aprendizagem". O professor tornar-se-ia assim um simples intérprete treinado, na sua maioria, para diagnosticar as dificuldades dos alunos - daí a importância quase obsessiva das avaliações - para poder implementar escrupulosamente os procedimentos desenvolvidos pelos investigadores e validados por comparações "duplo-cegas", como na indústria farmacêutica. Surge assim, no imaginário coletivo, a ideia de que existiriam, em matéria educacional, "boas práticas" padronizadas, "sequências finitas e inequívocas de operações ou instruções permitindo a resolução de uma dada classe de problema", de acordo, precisamente, com a definição tradicional do algoritmo.

No entanto, não só esta ideia é totalmente incompatível com o empreendimento educacional, onde cada situação é única e onde nada pode ser executado

7 Veja, sobre o assunto, a obra de Bernard Stiegler e Ars Industrialis. Sobre a noção de proletarização: http://arsindustrialis.org/vocabulaire-proletarisation

8 Stanislas Dehaene e o Conselho Científico de Educação Nacional, Ciência a serviço das escolas, Paris, Odile Jacob, 2019.Stanislas Dehaene e o Conselho Científico de Educação Nacional, Ciência a serviço das escolas, Paris, Odile Jacob, 2019.

mecanicamente, mas, na realidade, procurar-se-ia em vão concretizações convincentes. As mesmas pessoas que às vezes sugerem que poderia haver "algoritmos educacionais" - muitas vezes com mais cautela, aliás, do que jornalistas e políticos que afirmam confiar em seus trabalhos - tomam o cuidado de não sugerir nenhum! Frequentemente, contentam-se em dar bons conselhos sobre a necessidade de comer e dormir bem, de despertar a curiosidade ou de tornar a criança ativa. Encontramos, assim, por trás de títulos de caráter peremptório - "Atenção: os métodos que funcionam" - conselhos muito gerais de caráter às vezes tautológico: "Para estar atento é importante colocar-se em condições e proteger-se das fontes de distração "(sic)[9]... Mais a sério, encontramos, aqui e ali, algumas compilações de pesquisas científicas muito sérias que só levam a recomendações de boa qualidade, retomando, na realidade, lugares-comuns pedagógicos em circulação há muito tempo: ele deve garantir que a criança se engaje ativamente em seu aprendizado, invista sua atenção em seu trabalho, possa cometer erros e refletir sobre seus erros antes que se tornem maus hábitos, automatizar certos procedimentos para poder resolver tarefas complexas[10]. Tudo isto é, de fato, importante, mas de forma alguma constitui um "programa de ensino": cabe ao professor construir uma situação de aprendizagem original e mobilizadora, escolher os conteúdos culturais que permitam aos alunos descobrir novos conhecimentos, bem como os exercícios com os quais devem treinar.

Mais especificamente, e sobre a questão decisiva de aprender a ler, meta-análises internacionais são, às vezes, chamadas para ditar "o" método certo. No entanto, olhando mais de perto, dificilmente estão em condições de fazê-lo: aliás, alertam para a importância, na aprendizagem da leitura, de se dedicar um tempo

---

9 Veja Le Point, n ° 2474, 23 de janeiro de 2020, " Comment retrouver l'attention ".

10 Veja Stanislas Dehaene, Apprendre ! Les talents du cerveau, le défi des machines, Paris, Odile Jacob, 2018.

específico ao trabalho da correspondência entre o fonema e o grafema, em particular no início da escolaridade. Mas isso não diz absolutamente nada sobre a natureza dos textos a serem usados, os dispositivos educacionais a serem montados e a articulação, por mais fundamental que seja, da decodificação (leitura) com a codificação (escrita): é, portanto, de forma totalmente aproximada e arbitrária que passamos da necessária "vigilância silábica" à imposição do "método silábico". Quanto à famosa fórmula apresentada como "o número áureo" da leitura: "compreensão escrita = decodificação X compreensão oral", ela não é mais precisa e deixa o professor livre para trabalhar na decodificação e na conversação com os alunos com os apoios e da forma que ele decidir; ela também lhe deixa a responsabilidade de descobrir como permitir a seus alunos descobrir que o aprendizado da palavra escrita e seus códigos não é um teste imposto aos alunos para testar seu reflexo e sua resistência, mas uma aventura fabulosa para se comunicar com outras pessoas além do seu círculo próximo.

Educar: calcular ou arbitrar?

Na verdade, olhando de perto, a atividade educacional nunca é - felizmente! - a aplicação de "uma série de procedimentos ou instruções para resolver uma determinada classe de problema". O cérebro de um professor não é uma máquina de calcular, é uma máquina de arbitragem. Em um cálculo, nunca há apenas uma solução; quando se trata de arbitragem, sempre há várias possibilidades.

Primeiro, porque a arbitragem é realizada com base em objetivos implícitos ou explícitos. Cada professor é portador de um ideal pedagógico que transmite uma imagem da "boa aula": antes aquela onde todos fazem a mesma coisa ao mesmo tempo, aquela onde os alunos interagem entre si, antes aquela onde os alunos executam ou antes aquela onde os alunos refletem. E esta "boa aula" faz parte de uma representação da "boa escola": uma empresa para selecionar ou uma instituição para o acesso à cidadania... Por fim, esta "boa escola" sempre se refere, enfim, a um projeto para a sociedade e o mundo: promover, ainda que fugazmente, a liberdade de pensar em coletivos solidários ou de se resignar ao triunfo do individualismo compensado, aqui ou ali, pela subjugação do clã? Ninguém escapa do axiológico no ensino. Está sempre lá, à espreita de cada movimento nosso e, sem dúvida, muito mais perceptível por nossos alunos do que imaginamos.

Mas uma arbitragem é também uma escolha, em determinado momento, entre um conjunto de possibilidades. E isso requer exercer seu julgamento, pegando pistas no momento para identificar ou imaginar o que dizer ou fazer para que a aula permaneça ou se transforme no ecossistema mais favorável ao aprendizado. Já disse muitas vezes que se tratava de uma "arte de fazer", usando a bela fórmula de Michel de Certeau[11]: entender o que está acontecendo, prever as consequências, imaginar alternativas e antecipar possíveis efeitos, decidir a intervenção e ajustar a sua implementação. Apesar das aparências, tudo isso não é de forma alguma um algoritmo, é outra coisa: uma forma de "presença" para a atividade, uma presença que, surpreendentemente, combina pleno investimento no que se ensina e disponibilidade total para aqueles que ensinamos. Uma capacidade de perceber o momento em que tangem projetos heterogêneos e quando deve-se aproveitar a oportunidade, o kairós, esse "momento T" onde um conjunto de informações forma um "precipitado": dados heterogêneos se combinam e servem como um respaldo para uma decisão presumida: "Myriam, você pode explicar no quadro o que encontrou? "..." Vou interromper a minha demonstração e cada um de vocês encontrará um exemplo para ilustrar o que acabo de dizer. »...« Enquanto os outros continuam o exercício, vou fazer Naïm, Laura e Maël trabalharem.

11 Michel de Certeau, A invenção do cotidiano - 1. Arts of doing, Paris, Gallimard - Folio Essais, 1990. Retomei e desenvolvi a análise de Michel de Certeau no campo educacional em A pedagogia entre o dizer e o fazer, Paris, editor do ESF, 1995.

"..." Cada um de vocês poderia reformular o que acabei de dizer por escrito e comparar com o que seu vizinho escreveu? »...« Agora temos de parar a discussão e recapitular tudo o que vocês acabam de dizer...." Tantas pequenas decisões que tornam a sala de aula um ecossistema vivo onde o aprendizado está sempre no centro da atividade coletiva.

E a capacidade de tomar todas essas pequenas decisões não é de forma alguma um dom misterioso ou uma dimensão mística da profissão. Pelo contrário, constitui o verdadeiro profissionalismo do professor, o que o torna um verdadeiro especialista na aprendizagem. Porque a tomada de decisão se forma e se trabalha, se reflete e se aperfeiçoa: nenhuma "arte do fazer" pode se enredar em si mesma, sob o risco de se perder no desgaste dos hábitos. Por isso, todos os professores precisam de análises de práticas, discussões em equipe, reflexões individuais e coletivas sobre sua profissão, ao longo de sua carreira. Necessita de uma formação continuada exigente, inscrita em parte do seu tempo de serviço, onde possa, ao mesmo tempo, conhecer pesquisadores e tornar-se ele próprio um "professor-investigador", como deve ser todo professor[12].

Hoje temos muitas ferramentas disponíveis para isso. De minha parte, uso "grades de leitura" - bem mal apelidadas! - a fim de analisar as tensões que constituem a atividade pedagógica. Podemos assim compreender como é possível "mover o cursor" entre duas polaridades facilmente identificáveis, de forma a arbitrar, o mais próximo possível da vida da turma, entre diferentes intervenções possíveis.

É o caso, por exemplo, da tensão entre a firmeza da programação e a recepção do evento. A programação é fundamental para garantir o rigor do processo e

12 Veja Luc Ria, Treinando professores - Para o desenvolvimento profissional com base nas práticas de sala de aula, Paris, editor do ESF, 2019.

proporcionar aos alunos um ambiente seguro, mas também pode tornar as coisas tão rígidas que nada do que acontece hic et nunc provoque reflexão. A abertura ao inesperado é, por sua vez, essencial para vincular o conhecimento acadêmico às circunstâncias, mobilizar o desejo de aprender e promover a transferência da aprendizagem acadêmica para fora da escola, mas também pode desestruturar completamente o quadro, deixar a aula ao acaso e, por fim, proibir aos alunos qualquer reflexão aprofundada. É necessário, portanto, ao mesmo tempo, programar a sequência, estruturá-la em diferentes etapas, organizar os métodos de trabalho de forma precisa. E estar atento às reações individuais e coletivas, aos indicadores de mal-entendidos e incompreensões, aos exemplos e às objeções que surgem, mas também aos eventos que podem servir de suporte ou estímulo ao trabalho coletivo. Equilíbrio difícil na realidade, nunca adquirido definitivamente e que exige saber mover o cursor regularmente para que, como qualquer organismo vivo, a classe tenha padrões de funcionamento e saiba como se adaptar ao imprevisto. Um equilíbrio que, por si só, permite aos alunos se enquadrarem em um protocolo cujos desdobramentos eles entendem, percebendo quando e em que condições deve se libertar, bem como quando será necessário retornar.

Existe uma tensão semelhante entre a dinâmica da descoberta e a estabilização da aquisição. A primeira prioriza a tentativa e o erro e a pesquisa em todas as suas formas, a segunda a identificação das realizações, sua estruturação e integração. A primeira favorece a finalização, envolvendo os alunos em uma atividade, com o risco de eles preferirem o sucesso rápido e superficial à compreensão aprofundada. A segunda privilegia a formalização e o domínio de saberes elaborados, com o risco de cair na escolástica denunciada por Célestin Freinet. E, novamente, não há síntese ideal, há apenas ajustes sucessivos, articulações que dão coerência ao ensino ao mesmo tempo que formam a inteligência dos alunos.

Podemos, assim, abrir o campo de possibilidades aos professores, ao mesmo tempo em que proporcionamos um espaço para o exercício de seu julgamento. Longe de qualquer "algoritmo educacional", eles serão capazes de reivindicar um status real de designers, dominando melhor os conhecimentos a serem ensinados, pois os reexaminam constantemente, graças às situações com as quais são confrontados. Porque "mover o cursor" não é – ao contrário do que pode ter aparecido na polêmica mediática – oscilar constantemente entre o respeito pelo aluno e pelo saber: é precisamente recusar-se a escolher em face a esta alternativa absurda. É uma busca constante pela tangência para que o encontro se torne um acontecimento, que nutra no professor o desejo de ensinar e desperte no aluno o desejo de aprender. Aventura estranha e fascinante onde o empenho do primeiro só desperta o do segundo se for acompanhado de uma contenção essencial: "Tudo faço para que aprendas..., mas depende de ti aprender!"

A importância do tato na educação é muito negligenciada. Porém, há, na combinação de compromisso e contenção, uma busca pela distância certa que autoriza sem obrigar, acarreta sem coagir, desperta sem prender. O tato é, sem dúvida, a virtude educacional por excelência. Mas é também o que mais escapa a qualquer forma de algoritmo. Você consegue imaginar um computador agindo com tato? Nenhuma máquina, mesmo uma dotada de inteligência artificial, pode acompanhar um pequeno humano à liberdade. Os professores têm tudo a perder se perderem sua liberdade. Eles têm o mundo de amanhã para construir. Professores de todos os países.

V. Ser professor (a) em tempos de incertezas: um começo de conversa

Joana Paulin Romanowski

Esta conversa é uma reflexão em torno da pergunta: o que nós podemos oferecer (dizer) aos (às) estudantes que escolhem o magistério como campo de formação e futura profissão? A pergunta foi proposta pelo grupo de pesquisa La Conexão, da Universidade Federal da Paraíba, e é perturbadora na busca de indicadores que nos ancorem nestes tempos incertos em que vivemos.

Compreendemos que vivemos um tempo de desesperança, em que o valor da escola é negado social e politicamente. No momento, enfrentamos o fechamento das escolas devido ao isolamento social imposto pela pandemia da Covid-19. Essa circunstância trouxe inúmeras mudanças na conjuntura educacional, uma vez que, para não serem suspensas as atividades letivas, emergiram propostas de ensino remoto. Diante desse novo cenário, os(as) professores(as) têm enfrentado alterações do trabalho docente que impactam seu cotidiano de proporcionar atividades de ensino e aprendizagem aos(às) alunos(as). Não tem sido fácil, mas os(as) professores(as) são aguerridos(as) em atender a seus(as) alunos(as), no zelo por seu compromisso social de promover educação para todos(as).

Dizer que o (a) professor (a) é imprescindível numa sociedade desigual como a nossa é renovar a esperança de que a escola pode ser redentora e firmar o compromisso de realizar educação para todos, como assumimos em nossa Carta Magna.

A maioria da população tem acesso à escola pública para poder aprender os conhecimentos imprescindíveis da vida em sociedade: a leitura, a escrita, as relações quantitativas, a vida no tempo e no espaço, a ciência para preservar a vida humana e do planeta. Parece simples considerar que a escola poderá fazer diferença de transformação nas comunidades em que se situa. Mais que um espaço de conhecimentos, ela é o espaço e tempo de socialização e humanização.

Com efeito, colocar o cotidiano da escola a serviço dessa transformação é uma questão desafiadora num país que não completou a democratização da educação para a sua população em totalidade. Nós, professores e professoras, nem sempre conseguimos entender a dimensão de nossa missão e de nosso trabalho, mas não esmorecemos diante dos desafios para a luta por uma escola democrática, alicerçada na autonomia, consenso e participação (Wachowicz, 2020). O trabalho do(a) educador(a) envolve compromisso político-pedagógico, como nos diz Paulo Freire (2009). Muitas vezes, nos apegamos a questões sem importância para a vida de nossos(as) alunos(as), como a cobrança das tarefas de casa, o registro de suas notas e outras. Eles(as) precisam mais de reconhecimento e acolhimento do que de exames e regras. Fazemos a diferença quando os(as) reconhecemos como pessoas de valor e com capacidades extraordinárias de aprender. Contribuir para tornar o mundo humano é nosso trabalho e nosso compromisso como docentes para a humanização.

As formas de comunicação que estabelecemos com as crianças e jovens, com suas características individuais e socioculturais diferentes e diversificadas, que envolvem emoção e reações, contam muito na sala de aula e na escola. Esses meninos e meninas, que advêm de modos de organização social e cultural diversos, são ávidos de acolhimento e de reconhecimento como pessoas. Antes de ensinar, falta conhecer quem são os(as) estudantes e suas histórias de vida para podermos ajudar na descoberta de suas possibilidades. Uma aprendizagem forjada na colaboração, na cooperação, no coletivo. Nosso trabalho se insere nesse processo como docentes, para estabelecer relações entre a escola e o mundo.

As exigências dos sistemas escolares, como fazer o planejamento definindo competências a desenvolver, os conteúdos disciplinares a manejar, ajustar, as atividades a preparar, avaliações a examinar, não constituem a essência do ser professor, mas representam garantia de emprego e cumprimento da norma. São mais importantes para o sistema e menos importantes para nossos(as) alunos(as). Essa é nossa tarefa institucional e compõe o trabalho do professor(a). Seria heresia negar os conhecimentos que temos para ensinar, pois são conhecimentos poderosos (Young, 2019) para ajudar nossos(as) alunos(as) a descobrir a herança de sabedoria que a humanidade conseguiu acumular durante milênios. Esses conhecimentos poderosos são chaves de acesso à vida social, ao trabalho e à cultura. Centenas e centenas de professores(as) despendem dias e noites para escolher aqueles conhecimentos considerados fundamentais para ajudar as crianças e aos jovens desenvolverem seu pensamento e suas práticas de estar e ser no mundo. Eles(as) podem aprendê-los com nossa ajuda. Para essa aprendizagem, nós, professores(as), temos muito a contribuir. Colocar nosso tempo, nossas capacidades, nossa inteligência e disponibilidade para que meninos e meninas possam aprender é o nosso desafio profissional. Entender nosso trabalho como uma relação permanente para a aprendizagem e o saber integra a docência de nosso compromisso político e pedagógico.

A aprendizagem é poderosa para desvelar as inteligências adormecidas (Pozo, 2002). Usar todas as nossas varinhas mágicas para promover a transformação do não saber em saber é nossa prática de trabalho cotidiana, que pede reflexão e formação permanente. A profundidade concentrada na produção do encantamento para aprender não se dá por repetição. Observar as possibilidades cognitivas do conhecer não se resume ao uso de técnicas e recursos didáticos. A busca pelo novo, pelo inusitado para que o sorriso e a alegria de nossos(as) alunos(as) se expressem, tornando a aula puro deleite de entrega, é a conquista do gosto de ser professor(a). Realizar a aula como uma obra de arte consiste em nosso desafio de docente artista, ao criar novas disposições de aprender.

Considerar o que temos como ponto de partida para buscar as entranhas da aprendizagem, para descomplicar as dificuldades do conhecer, eis a chave de relevar as possibilidades da docência. Somos capazes de ajustar os conhecimentos às possibilidades dos(as) nossos(as) alunos(as), usamos as experiências, os exemplos, as diferentes formas de harmonizar o ambiente, os agrupamentos e ajudas deles(as) entre si. Buscamos desenvolver autonomia, distribuir responsabilidades, procurar o aperfeiçoamento, entendendo que aprender é divertido. A curiosidade, a imaginação, a colaboração, a indagação são artefatos para transformar nosso cotidiano em metacognição, autorregulação, de modo a resolver os problemas do aprender. Conseguir que todos(as) aprendam, sem ninguém ficar para trás, eis nosso compromisso.

A imediatez com que temos que agir exige "reflexão em ato" em que nossa mente aprende a reagir de modo a acolher a atitude impensada de nossos alunos, expressa muitas vezes por palavras rústicas, como possibilidade de fertilizar as sementes da tolerância e de reconhecimento do limite do outro. Com efeito, nessas situações é fundamental ser educador. Nossos(as) alunos(as) precisam de nosso apoio para poderem realizar respostas mais adequadas às situações que se apresentam nas relações cotidianas e nem sempre sabem o que fazer diante de conflitos. Aqui se apresenta nosso desafio de equilíbrio para indicar o melhor caminho, não pela prescrição do que deve ser feito, mas, sim, pelo questionamento, pela indagação, pela orientação que dialoga com a diferença, uma docência educadora.

Atualizar nosso conhecimento, pesquisar, produzir conhecimento, refletir sobre nossa prática para continuar a nos profissionalizar, a descobrir nossa identidade de ser professor (a). Nossa ferramenta é o conhecimento, que não pode ser amarelo de poeira. Somos a biblioteca de nossos (as) estudantes, a fonte do conhecer. Assim, estudar e pesquisar é nosso desafio de ser professor(a) pesquisador(a) e cientista. Racionalmente, sabemos que vivemos um tempo de desesperança, em que o valor e o poder do conhecimento são negados por um ensino fragmentado, esvaziado de saberes. No entanto, não esmorecemos diante dos desafios para a luta por uma escola democrática. É no coletivo que a educação constrói seus sólidos pilares.

Conhecer nossas crenças e examiná-las para compreender seus mistérios, inspecionar as dobras que escondem preconceitos, tabus, mal ditos, desvelar o véu, desmantelar o obscurantismo que habita em nós, mais um desafio de compreender nossa história de vida, nosso contexto cultural. Podemos realizar um novo direcionamento, pois temos a certeza de que somos capazes de romper, produzir rupturas, encontrar novas formas de sermos humanos (as), defensores do que faz bem, na possibilidade de educabilidade de todos (as) os (as) nossos(as) alunos(as). Todos querem aprender e nem sempre sabemos ensinar. Mais um desafio para sermos docentes sábios (as).

Levy (2016) desafia que "precisamos utilizar ao máximo as novas ferramentas para engajar os alunos", se referindo às novas tecnologias da informação e comunicação. Sabemos que o acesso a essas ferramentas não é igualitário. Assim estamos convidados a nos articular às lutas para que essas ferramentas possam estar disponíveis e que possamos inseri-las em nossas aulas para uma docência que se atualiza, se articula e se inova.

Esses desafios requerem muita luta e esforço, não os conquistaremos sem reflexão e formação contínua. Ser professor(a) para descobrirmos do que somos capazes, vale muito. Somos capazes de produzir o bem, o belo e o bom. Somos capazes de ajudar, de transformar. Organizarmo-nos para a defesa da escola como lugar do saber para todos, esse é o desafio da categoria. Lutar para que sejamos reconhecidos(as) e valorizados(as). Una-se a nós! Professores(as) unidos(as) jamais serão vencidos(as)!

Referências

FREIRE, P. Pedagogia do oprimido. São Paulo: Paz e Terra, 2009.

LEVY, P. Pierre Lévy responde a Pergunta Braskem: professores e governos na educação digital. Fronteiras do Pensamento, Notícias, 28 jun. 2016.

POZO, J. I. Aprendizes e mestres: a nova cultura da aprendizagem. Porto Alegre: Artmed, 2002.

YOUNG, M. F. D. O futuro da educação em uma sociedade do conhecimento: o argumento radical em defesa de um currículo centrado em disciplinas. Revista Brasileira de Educação, Rio de Janeiro, v. 16, n. 48, p. 609-623, set./dez. 2011.

VI. Ser Professor(a) Formador(a): notas a partir das relações estabelecidas com os estudantes das licenciaturas[1]

Osmar Hélio Araújo & Emerson Augusto de Medeiros

Antes de qualquer coisa, o que significa ser professor formador?

A formação inicial dos professores da educação básica, no Brasil, se dá nos cursos de licenciatura. Trata-se de um processo teórico-prático pelo qual se toma contato com os rudimentos da docência, incluindo o ato de ensinar em sua conjuntura histórica, social e política. Embora uma parcela dos egressos das licenciaturas não exerça o magistério como profissão, não se pode negar seu propósito fundante: a formação docente. Assim, essa formação inicial docente pressupõe, portanto, a existência de professores que ensinam a profissão – eis os professores formadores.

O que significa ser professor formador no contexto das licenciaturas? Ao se referir à docência de modo geral, Luckesi (2008) define um professor, antes de tudo, como um ser humano e, como tal, sujeito da história que, junto a outros profissionais, constrói o projeto histórico de desenvolvimento da própria humanidade. Situamos, assim, o professor formador como o profissional que se dedica

1 Trata-se de uma versão adaptada de artigo publicado em 2021: https://dx.doi.org/10.7213/1981-416X.21.068.DS02 em parceria com o Prof. Dr. Ivan Fortunato.

à atividade de criar, intencionalmente, condições para a apreensão da ação de ensinar a ensinar (Beillerot; 1996; Mizukami, 2005). É nesta perspectiva que compreendemos que o papel dos professores formadores se ancora na responsabilidade de formar professores capazes de contribuir para a formação de cidadãos críticos e para a construção de uma sociedade melhor.

Articulados a um conjunto de condições sociais, culturais e políticas, os professores formadores são responsáveis pela formação dos estudantes e, mais do que isso, pelo futuro da profissão docente. É possível dizer que o encargo de professor formador nos faz seres éticos e comprometidos com a essência das licenciaturas: ensinar a ensinar. Trata-se, por melhor dizer, de uma obrigação ética: ensinar a ensinar nos cursos de licenciatura.

O compromisso maior dos professores formadores é sempre relacionado à formação para a docência e com o seu futuro. É também a ação de possibilitar que os estudantes avancem em seus projetos de vida e profissionais, conseguindo ultrapassar as barreiras tantas vezes erguidas pelo contexto social e cultural, assim como pela ausência, muitas vezes, de políticas educacionais que assegurem sua inserção e permanência com êxito na formação e na profissão docente.

Pelas razões expostas, temos buscado (re)configurar o papel dos professores formadores no contexto das licenciaturas. Como se sabe, a figura desses profissionais pode adquirir notáveis influências na adesão dos estudantes e egressos para a docência. Como decorrência desse entendimento, precisamos reconhecer que a atuação de todos os professores formadores, suas características de personalidade, empatia, experiências pessoais e profissionais exercem uma influência incontrolável na formação e adesão dos estudantes para a docência. O quadro exposto exige o reconhecimento que se faz necessário, no contexto das licenciaturas, de um trabalho pedagógico para e com os futuros profissionais do magistério. Um olhar analítico para as experiências profissionais vividas é uma maneira fundamental para o desenvolvimento da docência.

A relação entre professor formador e estudantes como uma experiência de (trans)formação profissional

Ao pensar sobre os lugares de formação docente, Nóvoa (2019) afirma o seguinte: "Um pássaro não voa dentro de água. Um peixe não nada em terra. Um professor não se forma nos atuais ambientes universitários, nem em ambientes escolares medíocres e desinteressantes" (p. 202). O autor está interessado em explorar melhor o momento de transição entre a conclusão da licenciatura e o início da carreira docente. Apesar de apresentar seus argumentos de forma sisuda, há aspectos importantes para pensarmos sobre o lugar da licenciatura na formação, pois o autor indica três "razões principais" que tornam a universidade "incapaz de formar os professores" (p. 203), sendo: (i) a separação entre as disciplinas base de cada licenciatura e as disciplinas pedagógicas; (ii) a distância entre os conteúdos teóricos e o chão da escola; e (iii) a valorização da publicação e a consequente desvalorização das atividades de formação.

Assim, embora o autor tenha sido um tanto ácido nas críticas, não podemos perder de vista que tais colocações ocorrem amiúde na formação docente, inclusive durante processos conduzidos por nós mesmos. Por isso, chamamos a atenção para um elemento fundamental, comum a todas: as relações de alteridade construídas no espaço das licenciaturas criam as condições para que professores formadores e estudantes possam (trans)formar, a si e ao(s) outro(s). Particularmente, chamamos atenção para as relações que se estabelecem entre os licenciandos e seus professores formadores.

A partir dos saberes e experiências profissionais e, sobretudo, das relações que temos construído com os estudantes em cursos de licenciatura, organizamos a próxima seção em torno de três afirmativas acerca dessas relações, relacionando cada assertiva aos vínculos, aos afetos e aos modos de (re)pensar e (re)conduzir a docência. Tratam-se de argumentos referenciados em circunstâncias práticas de formação docente.

Assertivas a respeito da relação que buscamos compreender para fortalecer: assertiva primeira

Apresentamos a primeira assertiva: as salas de aula são contextos para a autoformação dos estudantes muito mais do que para a sua própria instrução. As salas de aula são espaços muito particulares, diferentes dos outros espaços da instituição. Quando professores e estudantes entram numa sala de aula, os vínculos afetivos que se constroem têm implicações diretas na formação pessoal e profissional de ambos.

As salas de aula precisam ser vistas de forma análoga ao que foi indicado por López Carretero (2019), ou seja, como laboratórios da vida, no sentido de experimentarmos relações de outro modo, de nos sentirmos protegidos, seguros e nas quais possamos pôr palavras ao que acontece e ao que nos acontece. Trata-se, assim, da defesa das salas de aula como contextos socioculturais, historicamente situados, capazes de dialogar com os desafios e com as expressões da vida em sociedade. Espera-se, no contexto das licenciaturas, que o interesse pelas aulas se verta em interesse pela docência.

A questão exposta anteriormente nos chama a atenção pelo fato de que, muitas vezes, na universidade (incluindo, obviamente, centros universitários, faculdades e institutos federais), não se dá muita atenção ao modo como estão organizados os ambientes de formação. Diante disso, precisamos concordar com Zabalza (2004), ao afirmar que: "as salas de aulas são, com frequência, ambientes poucos 'hospitaleiros' para atrair a atenção: são frias, pouco estimulantes, desconfortáveis etc." (p. 217). Nessa mesma direção, Nóvoa e Amante (2015) endossam advertindo que há um "[...] imenso faz-de-conta, para não dizer farsa, que hoje se vive no ensino universitário" (p. 23). Segundo os autores, as aulas – seja para um enorme grupo de alunos em auditórios, seja para turmas menores – têm sido vazias de experiência, pois há uma ausência de sentido.

Claro que a acidez contida nessas análises não ressoa em todas as aulas de todas as universidades. Mesmo assim, tal diagnóstico dado pelos autores nos ajudam a compreender que o encargo de professor formador nos desafia a (re)construir e entender as salas de aula como contextos propícios para uma experiência docente-discente, individual e coletiva, de produção de pensamentos reflexivos, da construção da cidadania. Faz-se necessário, assim, pensarmos sobre as salas de aula como contextos de reflexão, de investigação e (trans)formação.

Nessa perspectiva, ser professor formador é dedicar-se, intencionalmente, à atividade de criar as condições para a formação dos futuros professores, considerando as particularidades de cada indivíduo, assim como as necessidades da coletividade do magistério. É preciso, por isso, tornar (ou reafirmar) as salas de aula em espaços em que todos possam atualizar, ampliar, socializar e rever seus conhecimentos, suas crenças, valores etc. É por essa razão que situamos as salas de aula como contextos do próprio exercício da prática profissional dos professores formadores e, por consequência, elementos centrais para a formação de ambos: professores formadores e estudantes.

Assertiva segunda

Em face ao exposto a respeito da sala de aula, situamos a segunda assertiva: não há possibilidade de construirmos a formação com os estudantes, sem entender a questão da afetividade no espaço das salas de aula. Afetar, no sentido de mobilizar para a docência, estar articulado às relações imediatas construídas com os estudantes em sala de aula. Nesse contexto, entendemos esse *afetar* como a concepção de Cruz e Maciel (2014, p. 69), ou seja, "oferecer ao aluno possibilidades de interação que ultrapassem o limite do comum. É fazê-lo perceber que, mais do que professor, há um parceiro na busca pela aprendizagem".

Desse nodo, é possível ter clareza acerca de que o trabalho dos professores formadores se realiza na relação direta com os estudantes, futuros professores. E mais: as relações construídas, os vínculos afetivos e de mobilização para a docência afetam, gradativamente, a construção e efetivação de uma formação para a docência nas licenciaturas. Assim, as relações construídas nos contextos das licenciaturas têm a potencialidade para aproximar e mobilizar os estudantes para a docência.

Pensar sobre a formação dos professores implica reconhecer que se faz necessária a construção de relações efetivas e afetivas para que a (trans)formação, de si e do(s) outro(s), se instale de dentro para fora e vice-versa. A formação dos estudantes para a docência funda-se nessas relações construídas.

Como já enfatizado, há uma (trans)formação mútua – estudantes e professores formadores no contexto das licenciaturas. Nesse processo, torna-se necessária a integridade-plenitude (estar inteiro) no espaço multifacetado das salas de aula. Essa integridade a que nos referimos foi bem capturada por Lópes Carretero (2019) ao afirmar que "[...] posso estar inteira na sala de aula, com uma presença que condensa emoções e pensamentos e que, ao fazê-lo, transmito algo muito importante, que é a paixão que acompanha minhas palavras sem me desdobrar" (p. 923).

Cada vez mais estamos convencidos da necessidade de criarmos vínculos com os estudantes, de conhecer suas histórias e aspirações. Tudo isso para promover articulações com o contexto de formação, ajudando-os a (re)descobrirem e (re)construírem os caminhos que os despertaram ou que poderão despertar para a docência. Reconhecemos, porém, que o que estamos a chamar de dimensão afetiva do trabalho dos professores formadores não é algo simples, haja visto que isso exige trabalhar coletivamente, além de lidar com pensamentos ora divergentes, ora convergentes. Contudo, essa prática traz elementos fundamentais para a efetiva relação entre professores formadores e estudantes como uma experiência de (trans)formação coletiva. Diríamos que investir nas relações com os estudantes é uma nova aprendizagem que temos de fazer no campo da formação dos professores, bem como é um desafio constante aprender a articular, cotidianamente, a dimensão humana e profissional. Afinal, como bem nos lembra Canário (2008, p. 140): "o professor não ensina apenas o que sabe, ensina aquilo que é".

Assertiva terceira

As reflexões que acabam de ser postas a respeito da afetividade na relação entre professor formador e licenciandos são fundamentais para situarmos a terceira assertiva, a saber: o encargo como professor formador exige um trabalho de reconstrução permanente. Fazer de novo e de outras formas. Isso porque trabalhar com os estudantes exige conhecer suas crenças, valores, histórias e experiências, mas, principalmente, exige aprender com eles. Por isso, o diagnóstico é sempre o ponto de partida e da reflexão sobre o trabalho construído.

> Podemos dizer que o diagnóstico consiste em considerar as vozes dos estudantes, suas perspectivas, escolhas, opções de vida e experiências anteriores, mas não apenas para registro. Nesse caso, as culturas interna e externa, que exprimem os valores e as crenças que os estudantes partilham, precisam fazer parte da tessitura do trabalho formativo construído. Com isso, é essencial partir das necessidades e percepções acerca da docência, dos estudantes, e delas evoluir, consensualmente, para a construção de uma formação para a docência. Sendo assim, o que estamos a chamar de diagnóstico não se faz necessariamente através de etapas ou atividades específicas, mas se concretiza conforme os professores formadores se percebem capazes de analisar, refletir e alterar as práticas a partir das situações relevantes que emergem do processo construído.

Reconhecer isso significa assumir que é na complexidade das relações e reflexões construídas, no espaço da formação dos professores, que encontramos os caminhos necessários e possíveis para o nosso próprio desenvolvimento profissional como formadores.

Como já foi delineado, não se pode negar que o exercício docente nos diferentes cursos de licenciatura proporciona aos professores formadores um desenvolvimento pessoal e profissional inestimável. Quando vistas por uma ótica reflexiva, essas experiências (n)os aproximam de diferentes histórias de vida dos estudantes e (n)os desafiam a ter ampla clareza de seu papel em sua formação para a docência.

Essa clareza, por sua vez, exige a disponibilidade e a responsabilidade política dos professores formadores de investirem nas relações interpessoais no contexto das licenciaturas. Além disso, exige que participem de um processo de "mobilização", de fazer circular um forte desejo pela formação e pela profissão docente. Por isso, o diagnóstico, que é fruto de partilhas, trocas de ideias, pensamentos convergentes e divergentes, reflexões e produções, responsabilidades e atividades coletivas, é sempre o ponto de partida e da reflexão sobre o trabalho construído.

Nessa assertiva de reconstrução constante, no contexto da formação dos professores, o melhor que temos a apreender é o respeito e a paciência como elementos inerentes ao relacionamento entre os professores e os estudantes. Logo, o fazer de novo e de outras formas, no exercício docente, traz constantemente à tona a necessidade da escuta compreensiva de si e do outro. A escuta atenta e compreensiva facilita a criação de um contexto emocional favorável à explicitação dos pontos de vista dos estudantes e ao fortalecimento e desenvolvimento da autoconfiança e da autonomia.

Assim, conhecer os estudantes, suas crenças, valores, histórias e experiências e aprender com eles devem despertar, nos professores formadores, atitudes de autocrítica contínua sobre as práticas construídas, a consciência do inacabamento, como tão bem nos ensinou Paulo Freire (1996). Por outro lado, a tão necessária valorização das potencialidades existentes no contexto das salas de aula e as inúmeras mudanças de postura e de visão de mundo que precisamos empreender são tidas como algo possível e necessário, à medida que compreendemos mais e melhor o ofício de formar novos professores. Tudo isso, de certo modo, exige tempos, espaços e condições propícias de trabalho, assim como coragem e ousadia dos professores formadores, seja para socializar as próprias ideias, seja para superar inseguranças e para construir "novas" práticas sem esconder as "velhas".

Esse movimento de rupturas, reinvenção e reconstrução constante do trabalho pedagógico deve mobilizar e sensibilizar os professores formadores para a necessidade de investir, cada vez mais, nas relações construídas com os estudantes. É interessante notar que a formação dos estudantes para a docência nas licenciaturas, como um projeto educativo coletivo, exige, necessariamente, a concentração de esforços de todos os envolvidos. Em outras palavras, trata-se da responsabilidade compartilhada, da troca de experiências e de proposições para a superação de dificuldades em uma perspectiva coletiva.

Há também a necessidade de que os professores formadores aprofundem suas relações e interesses em relação à formação e à profissão docente, às escolas de Educação Básica e suas diversas modalidades, e à sociedade. A formação dos professores requer, cada vez mais, dos professores formadores esse aproximar-se da formação e da profissão docente, desde a sua inserção em um curso de licenciatura até a sua atuação como professor formador.

Outro elemento que reputamos como relevante é a comunicação como diálogo entre estudantes e professores formadores. É em torno dessa perspectiva que sublinhamos ser a relação professor formador e estudantes, isto é, essencialmente pautada na comunicação. Trata-se da relação-comunicação comprometida com o diálogo e a escuta ao outro e, por isso, como um movimento de (trans)formação.

Podemos dizer, por fim, que as relações construídas com os estudantes das licenciaturas, de diferentes modos, impulsionam os professores formadores ao aprofundamento das suas práticas pedagógicas. Assim, auxiliados também por elementos da teoria, o trabalho de reflexão, a problematização, a revisitação e a reestruturação da prática devem se configurar como um elemento fundamental para a configuração das licenciaturas como contexto de (trans)formação de ambos: professores formadores e licenciandos.

Outras reflexões para aprofundar e inspirar

As questões que nos mobilizaram e sensibilizaram para a construção deste texto estão entrelaçadas às nossas próprias experiências de vida e profissional. Assim como o ato de escrever, dialogar sobre "ser professor formador" é um desafio complexo, abrangente e inconcluso, sendo que tal desafio nos permite reiterar a compreensão de que esse é um processo que não termina nunca. Estamos sempre em formação, independentemente da quantidade de anos de atuação profissional ou do cargo/função que exercemos. Optamos, por isso, por concluir este texto apresentando "outras" reflexões que poderão ser o início de outros debates, ou, quem sabe, inspirar novos horizontes de esperança para o futuro da formação e da própria profissão docente.

Diante dos passos construídos, nosso argumento central foi o reconhecimento de que as relações construídas com licenciandos exercem papel fundamental no desenvolvimento profissional dos professores formadores e na (re)construção da identidade profissional.

No entanto, ao mesmo tempo, argumentamos ser a reflexão das experiências um elemento inerente ao desenvolvimento profissional dos professores formadores. Isso exige o desenvolvimento de atitudes de autocrítica contínua sobre as práticas construídas, visando, sempre, a transformá-las. Essas atitudes podem ser complementadas com a reflexão coletiva e constante sobre as experiências. Constrói-se, desse modo, um trabalho colaborativo entre professores e estudantes, fomentando atitudes de partilha e de análise sobre o processo formativo vivenciado.

A discussão empreendida, por um lado, leva-nos a argumentar que, para formar para a docência nas licenciaturas, é necessário (se possível) tanto gostar de formar os futuros professores, quanto gostar do magistério como opção de vida e profissional. Faz-se necessário, por consequência, dialogar com a complexidade, as incertezas e as imprevisibilidades que perpassam cotidianamente a formação dos professores. Por outro, nos permite reiterar que os professores formadores (nós, inclusive), muitas vezes, precisam se desprender de suas crenças e hábitos tidos como "verdadeiros".

É possível afirmar que não é com o mero transcorrer dos anos de atuação profissional que os professores formadores se desenvolvem e aprimoram as competências profissionais como formadores docentes. Faz-se necessário mais, tais como tempos, espaços e condições propícias de trabalho, tais como horas para reuniões do coletivo de docente para acompanhamento de estágio nas escolas e para a necessária discussão e reflexão na e sobre a ação de formar professores. São também necessárias coragem e ousadia de expressar as suas próprias dúvidas, medos, clareza e compromisso com a importância da formação de professores em cada curso de licenciatura.

Sendo assim, sublinhamos a necessidade de estudos e pesquisas acerca da formação dos professores para o exercício da docência como professores formadores nas licenciaturas, sobretudo porque temos ainda poucos estudos e pesquisas nessa direção. Os que temos ressaltam a potência transformadora da docência – eis, em essência, o que temos buscado alcançar com nosso trabalho na formação docente, nos cursos de licenciatura nos quais atuamos.

Referências

BEILLEROT, Jack. **La formación de formadores**: entre la teoria y la práctica. Buenos Aires: UBA Novedades, 1996. (Serie Los documentos, 1).

CANÁRIO, Rui. Formação e desenvolvimento profissional dos professores. In: PORTUGAL. Ministério da Educação. Direção Geral dos Recursos Humanos da Educação (org.). **Presidência Portuguesa do Conselho da União Europeia**: desenvolvimento profissional de professores para a qualidade e para a equidade da aprendizagem ao longo da vida. Lisboa: Ministério da Educação, 2008. p. 133-148.

CRUZ, Giseli Barreto da; MARCEL, Jules. A Didática de professores referenciais e suas contribuições para a formação docente. **Est. Aval. Educ.**, São Paulo, v. 25, n. 57, p. 56-82, 2014. Disponível em: https://bit.ly/2t8hiU4. Acesso em: 21 ago. 2018.

FREIRE, Paulo. **Pedagogia da Autonomia:** saberes necessários à prática educativa. São Paulo: Paz e Terra, 1996.

LÓPEZ CARRETERO, Asunción. Ensinar o ofício do ensino: um ofício da alma. **Revista Ibero-Americana de Estudos em Educação**, *Araraquara, v. 14, n. 3, p. 917-927, 2019. Disponível em: https://bit.ly/39edwcb. Acesso em: 24 out. 2019.*

LUCKESI, Cipriano Carlos. O Papel da didática na Formação do Educador. In: CANDAU, Vera Maria (org.). **A didática em questão**. 28.ed. Petrópolis: Vozes, 2008. p. 25-34.

MIZUKAMI, *Maria da Graça Nicoletti*. Aprendizagem da docência: professores formadores. In: ROMANONSKI, Joana Paulin; MARTINS, Pura Lúcia Oliver; JUNQUEIRA, Sérgio Rogério Azevedo (Org.). **Conhecimento social e conhecimento universal**: aulas, saberes e políticas. Curitiba: Champagnat, 2005. v. 5, p. 69-80.

NÓVOA, António; AMANTE, Lúcia. Em busca da Liberdade. A pedagogia universitária do nosso tempo. **REDU**–REVISTA de Docência Universitária, v. 13, n. 1, p. 21-34, 2015. Disponível em: https://bit.ly/2smuepb. Acesso em: 17 abr. 2019.

NÓVOA, António. Entre a formação e a profissão: ensaio sobre o modo como nos tornamos professores. **Currículo sem Fronteiras**, v. 19, n. 1, p. 198-208, 2019. Disponível em: https://bit.ly/2tSaF8t. Acesso em: 23 dez. 2019.

ZABALZA, Miguel Ángel. **O ensino Universitário:** seu cenário e seus protagonistas. Porto Alegre: Artmed, 2004.

VII. A docência pela saudade e pela esperança

Ivan Fortunato

Este texto é sobre a docência como arte. Arte como manifestação humana de afetos e valores, ideias e saberes, sonhos e esperanças. A docência como arte se inscreve em um lugar muito peculiar que fica "entre" – entre o ofício e a vocação, entre o ensinar e o educar, entre razão e emoção. Se é ofício, ensino e razão, a docência é trabalho. Se é vocação, educação e emoção, a docência é devoção.

Contudo, não há como falar da docência – como arte, vocação ou trabalho – sem falar de toda conjuntura que envolve ser e exercer a docência. Afinal, não há um único modelo de magistério capaz de dar conta a complexidade planetária de forma absoluta. Por isso, esta arte é sempre circunstancial.

Infelizmente, a circunstância não tem sido favorável. Não apenas pela falta de prestígio e valoração que a classe profissional tem enfrentado, de maneira geral, diante das políticas educacionais e da própria sociedade. Não apenas pela falta de infraestrutura e suporte nas instituições para o exercício do magistério. Mas, principalmente, porque estamos vivendo um momento terrível por conta da pandemia da covid-19, causando tensão e tristeza em praticamente todos os lugares desde o primeiro quartil de 2020. É neste contexto, portanto, que se produz esta escrita reflexiva e inflexiva a respeito da docência.

E como o tempo presente tem sido desesperador, o que gostaria de celebrar como docente são as alegrias e os aprendizados de um tempo passado, narrados pela perspectiva da nostalgia, e a esperança de um futuro vivaz, cujo devir é carregado pela utopia.

Volto, então, no tempo: nostalgia. Sempre usei essa palavra para descrever a sensação que se tem de algo que nunca foi, a respeito de uma idealização romântica de um passado melhor que o presente. Nostalgia é a descrição mais assertiva do que sinto ao escrever sobre a docência, hoje, no meio da pandemia de um vírus que mata rápido e de forma brutal e grotesca. Um vírus que se dissemina pelo ar, portanto o isolamento social se torna a medida profilática fundamental. Isolados, não temos escolas ou salas de aula, exceto as virtuais.

Então cá estou, longe dos desafios de se estar junto com os estudantes das licenciaturas, do mestrado e do doutorado. Existe uma distância infinita entre nós, cuja aproximação se dá por intermédio dos *gadgets* de acesso remoto. A proximidade é virtual, ocorre em momentos díspares, quando cada um pode. Nas tentativas, sempre frustradas, de encontro coletivo, se não são a conexão e os equipamentos que falham, é a conjuntura vivida por cada, em seu local de isolamento, que faz com que o momento de diálogo não o seja vivido plenamente. Daí, volto no tempo, lembrando que as coisas não eram assim. Pois é, como bem escreveu Alexander Neill: "suspirar pelo passado muitas vezes indica um presente decepcionante"[1].

E fato é que o tempo presente está decepcionante para docência. Deixamos as salas de aula não por opção, mas por segurança. E fomos lançados ao mundo virtual da educação remota também não por opção, mas por imposição. E isso não

1 No seu livro "Minha luta pela liberdade no ensino", publicado no Brasil pela IBRASA em 1975.

tem nada a ver com falta de preparo e capacitação para usar as tecnologias, muito menos resistência com a inevitável (suposta) modernização da vida.

Pois temos ouvido, por aí, que o ensino remoto não funciona bem porque o professorado não sabe mexer com as novas tecnologias. Inventam curso remoto de formação; para ensinar a usar o que não se sabe usar, por meio de um instrumental que não se sabe usar. E tudo isso sem se importar se esses docentes, a serem capacitados para as modernosas ferramentas, têm equipamentos e conexão para acessarem esses cursos que revelam como fazer uso dos *gadgets* "educativos".

Pouco importa, também, se os docentes dispõem de local apropriado para realizar suas "formações" virtuais e para exercer seu trabalho de lecionar. Não se sabe e não se incomoda se o ofício invade a vida particular. Ainda, não se leva em conta a crença no modelo educativo remoto que, sem os afetos, as emoções, os imprevistos da dinâmica do cotidiano vivido presencialmente, resta-se condenado aos limites dos conteúdos curriculares.

Por fim, tudo isso vale também para o alunado.
E o tempo presente da educação é o da decepção.

Com isso, me ancoro na nostalgia e volto no tempo. Não muito, pois amiúde lamento minha própria escolarização vivida na educação básica e superior. Ocasionalmente, também me queixo dos primeiros anos de experiência como docente no ensino superior.

Afinal, quando criança e jovem, no papel de estudante, frequentava as aulas de forma obrigatória, automática, sem chance alguma de deixar a curiosidade sobre o mundo aflorar, pois logo estava tendo tabuada, leitura, história, geografia e ciências – coisas importantíssimas, diziam. Algo muito semelhante se deu no ensino superior, estudando pedagogia em um modelo bastante controlador de aprendizagem, contradizendo muitos conteúdos estudados. Alguns anos mais tarde, já como professor, logo nas primeiras aulas de sala de aula lotadíssima (mais de uma centena de estudantes aglomerados em uma sala sem acústica e ventilação apropriadas) percebi que estava cercado pela falta de infraestrutura, pela falta de respeito por um modelo educacional guiado por um currículo que deveria ser "dado" dentro dos limites do cronograma informado, pois havia semanas de provas e de "provão".

Não é disso que sinto falta, pois tais lembranças são amargas e pouco atrativas.

A saudade que sinto da docência é de apenas poucos anos atrás, quando fui admitido, na metade de 2014, como professor, em uma instituição que respeita os princípios constitucionais[2] de "liberdade de aprender, ensinar, pesquisar e divulgar o pensamento, a arte e o saber" e do "pluralismo de ideias e de concepções pedagógicas". De lá para cá, lecionar tornou-se algo leve, divertido e desafiador. De lá pra cá, venho tentando seguir as propostas pedagógicas de Célestin Freinet, A. S. Neill, Paulo Freire, Paul Goodman, Rubem Alves, educadores a quem tenho a honra de chamá-los de heróis, graças a sua ousadia de enfrentar o *status quo* e possibilitar uma outra escolarização.

Assim, ao sentar esmorecido em frente ao computador neste contexto, me vejo produzindo relatórios, atas, ofícios, participando de reuniões, alimentando ambiente virtual de aprendizagem, escrevendo e respondendo e-mails e aos diversos meios de mensagens instantâneas... Tudo isso para tentar dar algum sentido a um

2 Constituição da República Federativa do Brasil de 1988, art. 206.

mundo sem sentido, que vem perdendo a batalha para o vírus e para a fragilidade de seu próprio modelo econômico.

Em frente ao computador, sem saber se é dia ou noite, terça-feira ou domingo, consumido pela virtualidade da coisa, ancoro os pensamentos nas lembranças dos encontros ao vivo, afetivos, mobilizadores de aprendizagens, os quais, junto com os estudantes, nos colocávamos diante uma miríade complexa de desafios que envolvia articular projetos no nosso próprio instituto, nas escolas municipais e estaduais, nas organizações diversas da cidade e até mesmo na própria cidade.

Tudo isso torna-se um escapismo do tempo presente, entorpecido pela mediação virtual e toda sua falta de afeto, sensibilidade e emoção que fazem da docência uma arte.

E se voltar à nostalgia do passado é escapar do ofício puro, tentando vertê-lo em arte, precipitar um futuro sem a pandemia tem a mesma serventia. Tem a ver com esperança, como espera e como otimismo.

Espera de um mundo com riscos de contágio minimizados pela vacinação de todo mundo.

Otimismo de uma renovação no modo de vida, talvez mais humanizado, mais cooperativo, mais amistoso e afetivo. Incluindo, aí, a docência como arte, cujos resultados sejam medidos no tempo presente e as medidas sejam a alegria de aprender e de ensinar e a motivação para continuar aprendendo a partir das curiosidades de cada um. E isso tem nada a ver com as notas obtidas nos exames finais e externos, mas no sentido da própria experiência de aprender aquilo que se gostaria de aprender. E de ensinar aquilo que não se sabe, como bem desejava Rubem Alves[3], pois tem a ver com o desafio da descoberta, em conjunto.

E se ainda é válido o dito popular "quem espera sempre alcança", cá permaneço à espera, resistindo graças às saudades de um tempo de ensinar e aprender como arte. Que esse tempo volte, logo!

3 Da crônica "Ensinar o que não se sabe", incluída no livro "A Alegria de Ensinar", publicado em 1994 pela ARS Poética Editora.

VIII. Sísifo, Procusto e a função do professor: aceitação ou rebeldia?

Maria do Rosário Silveira Porto

Sempre que vou tratar de um mito, relembro que utilizo esse termo como uma narrativa metafórica, cujo sentido é dado pela experiência concreta. Segundo Joseph Campbell (1996), os mitos são disfarces para a manifestação das grandes verdades que têm servido de parâmetros para a humanidade. Mostram, na diversidade cultural, a unidade do espírito humano em termos de aspirações, poderes e sabedorias. Assim, para além das diferenças socioculturais, a mitologia é a mesma sob a variedade de costumes. Em outras palavras, de acordo com Walter Boechat (1995), os mitos retratam situações humanas básicas, arquetípicas e, por isso, podem ser considerados expressões simbólicas da alma coletiva.

Quando penso na função do professor e nos obstáculos que ele enfrenta para exercê-la, sempre me lembro de dois mitos gregos: de Sísifo e de Procusto.

O mortal Sísifo, considerado mestre da malícia e da felicidade, entrou para a tradição como um dos maiores ofensores dos deuses por sua arrogância, sua *hibrys* e suas traquinadas, pelas quais foi severamente punido após sua morte. Várias são as histórias em torno desse personagem, inclusive as que contam como enganou duas vezes Tânato, o deus da morte, impedindo que, por um certo período, morresse alguém, fato gravíssimo. Com isso, não só despertou a ira do grande Zeus, mas também de Hades, o deus dos mortos, e de Ares, o deus da guerra. Sísifo morreu de velhice e Zeus enviou Hermes para conduzir sua alma ao Tártaro, onde foi considerado um grande rebelde e por isso condenado a empurrar, por toda a eternidade, uma pedra enorme de mármore até o cume de uma montanha. Mas, toda vez que estava quase alcançando o topo, a pedra rolava montanha abaixo até o ponto de partida, invalidando o duro esforço despendido.

Por esse motivo, a expressão *trabalho de Sísifo* é empregada para nomear qualquer tarefa que envolva esforços longos, repetitivos e inevitavelmente fadados ao fracasso, num eterno ciclo que, além de não produzir nada de útil ou proveitoso, também é totalmente desprovido de quaisquer opções de desistência ou de recusa em cumpri-lo. Em resumo, o castigo de Sísifo significa que os mortais não têm a mesma liberdade dos deuses nem a condição de enfrentá-los, mas devem concentrar-se nos afazeres da vida cotidiana, se possível tornando-se criativos apenas na repetição e na monotonia. Ou então, paga-se inevitavelmente pelo preço da rebeldia.

O mito de Procusto mostra, também, como ele está mais presente no cotidiano dos professores do que imaginamos ou de que gostaríamos que acontecesse. Procusto era um filho de Poseidon que vivia na via sagrada entre Atenas e Elêusis, local de grande circulação de pessoas. Delicadamente, convidava os exaustos viajantes para repousar em sua casa. Só que ele tinha uma cama de ferro com o seu tamanho e se os hóspedes fossem demasiado altos ele amputava o excesso de comprimento, se fossem de pequena estatura eram esticados até atingirem a medida adequada. A deusa Atena, incomodada pelo clamor das vítimas de Procusto, foi procurá-lo para tentar convencê-lo a mudar de atitude, mas ouviu estarrecida que o que ele fazia estava correto, pois sua cama apenas fazia justiça, acabando com as diferenças entre os homens. Ou seja, estava, como Sísifo, entregue a uma perigosa *hybris.* Na verdade, ele tinha duas camas de tamanhos diferentes, então nunca ninguém iria se enquadrar em qualquer delas, lembrando a expressão "dois pesos e duas medidas".

Procusto continuou sua prática até que o herói ateniense Teseu capturou-o e o prendeu em sua própria cama, aplicando-lhe o mesmo suplício que infligia aos seus hóspedes, cortando-lhe a cabeça e os pés.

O mito de Procusto simboliza, em regra, a intolerância e a não aceitação das diferenças pessoais e da diversidade social. É a tentativa de impor padrões preconcebidos e julgados como os mais corretos de conduta e de pensamento nas várias atividades humanas, como a política, a educação, as crenças religiosas, a metodologia científica, as artes, os esportes etc. No nosso cotidiano ele também se concretiza, infelizmente e em especial, na escola, sem que, muitas vezes, o professor tenha consciência disso. Quem nunca proferiu frases do tipo "se você não estudar...", "não quero te influenciar, mas...", "também, vem da favela..." que atire a primeira pedra. São exemplos das tentativas de esticar ou diminuir as expectativas dos alunos, de acordo com modelos de comportamento e ação preconcebidos, facilmente encontráveis nas propostas dos inúmeros discursos sobre a educação e a escola, proferidos pelas "autoridades" – políticas e acadêmicas.

Mas isto, no dia a dia, muitas vezes é contornado, porque, na maioria das vezes, o professor faz ouvidos moucos, usando uma expressão antiga. As pessoas tendem a utilizar estratégias de proteção, como o silêncio astucioso ou uma improvável aceitação. A famosa "cara de paisagem". O problema é quando medidas procustianas estão presentes no nível do poder, no qual um grupo, uma classe ou uma casta se acha superior aos demais por considerá-los fora dos padrões e resolve enquadrá-los, subjugá-los, "civilizá-los". E o fazem em nome de Deus, da Nação, dos Bons Costumes, do Bem-Estar Social, ou seja lá por qual motivo for.

Pior ainda, quando essas medidas encontram eco e são apoiadas por quem não se percebe – ou não tem consciência – de sua semelhança com os subjugados. Daí os resultados prováveis: preconceitos de toda ordem – de cor, de origem, de sexo, de gênero. E, na pior das hipóteses, as inquisições, os *pogroms*, os holocaustos, os genocídios.

Para mim, o trabalho do professor, por mais árduo que pareça ser, jamais é repetitivo e carente de criatividade. A pedra que tem que empurrar montanha acima não é, necessariamente, a de ensinar, mesmo que essa atividade esteja se tornando cada vez mais difícil. Nem tampouco se submete a uma cama tamanho único em que caibam todos os professores, mais ainda os alunos, a saber, obrigações e injunções que os *deuses* do poder lhe impõem. É verdade que a cada governo, a cada mudança de administração, a cada rodar das cadeiras de ideologias e partidos políticos lá vêm os inumeráveis projetos, planos, discursos competentes, regulamentações, experimentações etc., como se fossem o último grito da moda, novas pedras a serem empurradas morro acima, punindo-o com a mesmice do eterno recomeço e com a falta de liberdade de escolha; novas camas de Procusto a esticar ou diminuir o fazer docente.

Entretanto, caso tenha coragem de afrontar os poderes constituídos e imprimir sua própria marca, deverá ter consciência de que, como Sísifo, pagará o preço de sua rebeldia. E de que terá, no limite, que cortar a cabeça dos Procustos do sistema educacional. Preço que pode ser alto, mas que representa, na minha opinião, o único avanço possível.

Referências

BOECHAT, Walter (org.) *Mitos e arquétipos do homem contemporâneo*. Petrópolis: Vozes, 1995.

CAMPBELL, Joseph. *O herói de mil faces*. São Paulo: Cultrix/Pensamento, 1996.

IX. O que podemos oferecer a futuros docentes?[1]

Miguel A. Zabalza

Ao professor Miguel foi perguntado: ***O que nós, professores formadores, podemos oferecer aos estudantes que escolhem o magistério como campo de formação e futura profissão?***

É uma pergunta complexa que requer uma resposta complexa. Poderíamos considerar a profissão de professor como uma grande chácara organizada em vários níveis. Primeiro, encontramos um grande portão que nos dá acesso a um grande pátio que é a profissão de professor. Uma vez naquela sala, você ainda teria que tomar decisões diferentes para decidir sobre uma das muitas portas existentes naquele pátio para acessar outros aposentos internos bastante diferentes: os níveis educacionais nos quais exerce a profissão.

PRIMEIRO PÁTIO

A profissão docente é um desses espaços profissionais e de trabalho cheios de expectativas contraditórias. Por um lado, tem um forte apelo a todas as pessoas com alto nível de empatia, solidariedade, humanismo e desejo de ajudar os outros, especialmente os mais jovens. Todas essas virtudes sendo muito abertas para o exterior, para o social, para o trabalho a favor dos outros, não é estranho que

1 Revisão: André Luiz Lanza.

seja especialmente atraente para os espíritos sensíveis, abertos à compaixão, ao bem comum.

Provavelmente é por isso que atrai especialmente as mulheres. Por outro lado, não é tão atraente para os que buscam o desenvolvimento pessoal, o sucesso profissional, a conquista de metas altas em termos econômicos, prestígio pessoal e ressonância social. É uma carreira que tinha uma forte carga de misticismo e de lírica (quando os professores eram heróis, quando esperavam que as pessoas aumentassem seu nível cultural e habilidades profissionais, quando os professores tinham a capacidade de transformar a sociedade em um espaço mais equitativo e com menos diferenças sociais). Os professores eram líderes sociais, eram modelos morais, eram personagens relevantes e essenciais na trama social.

O século XX foi o século das promessas não cumpridas no que se refere à educação. Não apenas não conseguiu resolver a desigualdade social, mas também colaborou para aumentá-la. É verdade que foi através da educação que muitas pessoas das classes mais baixas conseguiram ascender para profissões superiores e se localizar em zonas intermediárias do ordenamento social. Mas, em nível global, as diferenças não diminuíram e a educação acabou se tornando mais um mecanismo do sistema, assimilando-se às diferenças que, supostamente, estava destinada a eliminar. E assim houve uma educação para os ricos e uma educação para os pobres.

Tudo isso acabou afetando a própria profissão docente, atolada em uma certa irrelevância social, pelo menos do ponto de vista da cultura, do desenvolvimento econômico e da proeminência social. A generalização da educação fez com que a classe social dos docentes fosse aumentando exponencialmente; fez com que ao serem muitos os professores seu salário decrescera; fez com que a diminuição dos salários levasse à perda de atrativo como profissão. E assim, apesar de ninguém questionar a importância da educação (de fato, todos os políticos a destacam em seus programas e as grandes Agências Internacionais a incluem em suas Agendas para o Desenvolvimento Global), a profissão de professor se tornou uma opção secundária da qual escapam os alunos mais brilhantes procurando profissões mais lucrativas e com um futuro pessoal melhor. Existem exceções, com certeza, mas são precisamente porque essa deserção se tornou a regra geral.

Em suma, a profissão docente é chamada a recuperar a função social necessária à preservação de uma sociedade educada com valores coletivos. A educação é chamada a amalgamar a sociedade, dar sentido a ela como uma realidade coletiva e solidária. Às vezes discuto com colegas médicos que têm muito orgulho em defender que a profissão deles é superior a qualquer outra. "Você não vai comparar, eles me dizem, um médico com um professor!" "Se não houvesse professores, costumo respondê-los, não haveria médicos". E somos tão importantes porque cumprimos (ou deveríamos cumprir) duas funções fundamentais:

1. Criamos as condições para que exista consenso social. Ou seja, socializarmos para que possamos viver juntos: falar a mesma língua e nos entendermos, conhecer nossa história e nos respeitarmos, aprender as regras de convivência, possuir aquela cultura compartilhada que faz com que possamos nos entender, relacionar, trabalhar, desfrutar juntos.

2. Somos os principais agentes, juntamente com as famílias, chamados a facilitar e promover o desenvolvimento pessoal de cada indivíduo, de cada criança que chega às nossas salas de aula. Desenvolver não apenas como membro de um grupo social (como indicado no ponto anterior), mas

como sujeito individual, como um ser distinto, com suas peculiaridades, suas diferenças, suas capacidades. Ajudar cada sujeito a ser ele mesmo.

É por isso que a profissão de professor é tão importante. Hoje, é impossível conceber uma sociedade sem escolas e sem professores. Nós não entenderíamos, não funcionaria, não é possível.

PÁTIOS INTERIORES

Neste edifício global da profissão docente, existem vários pátios interiores, cada um com suas próprias características. As portas e corredores de acesso a cada um desses pátios são muito particulares e diferentes. Quem escolhe entrar em cada um deles o faz, com certeza, por razões muito diferentes e sabe que deve respeitar diferentes condições de acesso e vocacionais.

Educação infantil

Quem escolhe a profissão de educador infantil sabe que seu trabalho terá a ver com meninos e meninas a quem eles devem acompanhá-los na descoberta do mundo e no desenvolvimento de suas habilidades básicas: linguagem, habilidades motoras, curiosidade científica, a descoberta do mundo, criatividade, a dimensão artística. Obviamente, deve ser alguém que aprecia estar com crianças pequenas e deve se adaptar as suas demandas. Deve ser alguém treinado em desenvolvimento infantil e com domínio das habilidades básicas (acadêmicas e não acadêmicas) incluídas no currículo dessa etapa. Seu papel tem uma relevância fundamental para a vida de meninos e meninas, pois essa etapa será essencial para seu futuro desenvolvimento social e acadêmico. Ter vivido uma educação infantil de qualidade é uma herança fundamental para que todas as bases subsequentes da vida sejam produzidas de maneira equilibrada. É por isso que os professores que trabalham com crianças pequenas são tão importantes.

Educação primária

Com o ensino fundamental começa, na maioria dos países, o período de escolaridade obrigatória que durará até o Ensino Médio. É um estágio fundamental na vida das pessoas, porque nelas se assentam as raízes do que será nossa cultura básica. Cultura que significa conhecimento do mundo, do mundo cotidiano de cada criança. Ser professor de ensino fundamental significa ser um bom generalista, uma pessoa bem treinada em conteúdos culturais e científicos que terá que trabalhar com seus alunos e, simultaneamente, alguém com grande empatia pelas crianças cujas demandas, às vezes muito exigente, você deve ser capaz de responder com paciência e pertinência. Mas é, ao mesmo tempo, um trabalho muito gratificante, porque os meninos e as meninas são muito gratos e seus ganhos e progressos são constantes.

Educação secundária

O ensino médio constitui a principal articulação entre o ensino básico e o ensino superior. O desenvolvimento social tornou essencial esse estágio educacional e atribui grande importância ao ensino médio, que fornece níveis culturais e tecnológicos precisos para manter um nível atualizado de progresso. Ser professor nesta fase é um privilégio e um desafio. Por um lado, vão trabalhar com adolescentes, naquele estágio da vida em que tudo é energia, desafios pessoais, descobertas, necessidade de experimentar. É o estágio em que os alunos configuram sua própria identidade como sujeitos e preparam as primeiras linhas do que será seu projeto de vida. Por esse motivo, bons professores do ensino médio deixam uma marca indelével na vida dos meninos e meninas que passam pelas salas de aula. E no que diz respeito ao conteúdo curricular, essa etapa intermediária já exige um certo nível de especialização nos temas curriculares que estão sendo abordados. Essa conjunção entre um alto nível de treinamento e empatia com os estudantes adolescentes é o que marca o perfil profissional dos professores nesta fase. Isso assusta alguns, mas é um grande desafio e uma aventura para aqueles que estão dispostos a assumir certos riscos (uma qualidade muito importante para os professores nesse estágio).

Educação superior

Ensinar em universidades ou instituições de ensino superior é um grande privilégio. Como profissão, possui um alto nível de demanda, normalmente focado (embora não deveria ser assim) nos méritos da pesquisa e produção científica. Na realidade, o ensino universitário deve manter o mesmo equilíbrio que ocorre em todas as etapas educacionais entre habilidades pedagógicas e conhecimentos científicos. O fato de as novas abordagens acadêmicas da universidade insistirem acima de tudo no domínio do conteúdo e da pesquisa teve consequências notavelmente negativas nos últimos anos. O ensino foi negligenciado para favorecer a pesquisa e isso também condicionou o perfil dos professores nesta fase. Hoje buscam-se bons pesquisadores, pessoas com um currículo rico em produção científica ou tecnológica.

Em resumo, e voltando à pergunta inicial que você me perguntou, o que pode ser destacado é que a profissão de professor pode ser uma opção muito interessante para muitas pessoas. De fato, o é. E o interessante é que seu apelo não está em motivações extrínsecas (salário, relevância social, sucesso pessoal), mas sim em suas condições intrínsecas: poder ajudar os outros, permanecer em um campo de conhecimento que gostamos, o ser capaz de crescer pessoalmente através de estudo constante, o próprio fato de ensinar o que sabemos e gostamos. Se essas condições gerais existirem, temos que decidir por um momento ou etapa educacional ao qual gostaríamos de nos dedicar. Cada uma exigirá condições diferentes para o ingresso nelas. E faremos bem em considerá-las, porque o oposto pode significar que, em vez de desfrutar ser professor, acabamos sofrendo a punição de uma atividade pesada que causa *burnout* e angústia para quem não gosta.

X. Dos ensinamentos de Michel Serres para a docência

António Nóvoa

Michel Serres, esse extraordinário filósofo francês, faleceu o ano passado. Em 2012, escreveu uma obra notável, *A polegarzinha*, na qual falava sobre as consequências do digital para a educação. Muito antes da COVID-19, já nos alertava para processos que, hoje, estão à vista de todos.

Para mim, o seu livro mais importante é *O terceiro instruído*, publicado em 1991. Li e reli mil vezes este livro, que inspirou tantos dos meus escritos e palestras. Durante muito tempo não me apercebi do real significado das duas últimas linhas do livro, impressas num final de página, quase como se estivessem ali a mais.

Renascido, ele conhece, ele tem compaixão.
Agora sim, ele pode ensinar.

Depois de muitas leituras sem atender estas linhas, descubro nelas o sentido maior da profissão docente.

Renascido

A primeira coisa que devemos dizer a quem abraça o magistério é que precisamos fazer sobre nós mesmos um trabalho de renascimento. Ser professor não é entrar numa profissão técnica ou mecânica, é construir um caminho que junta aquilo que somos como *pessoas* e aqueles que seremos como *profissionais*. Na docência trabalhamos com a humanidade dos outros, os nossos alunos, e nunca seremos capazes de o fazer se não nos dedicarmos também a cultivar a nossa própria humanidade. Nós somos como ensinamos e ensinamos aquilo que somos.

Ele conhece

A segunda coisa que devemos explicar é a importância do conhecimento. A missão de um professor é conduzir os alunos ao conhecimento: não podemos desvalorizar o conhecimento para nos centrarmos apenas nos alunos, nem podemos ignorar os alunos para nos dedicarmos unicamente ao conhecimento. A tensão *conhecimento-alunos* está no coração da profissão docente e do trabalho dos professores.

Ele tem compaixão

A terceira coisa que devemos lembrar é o sentido da compaixão, no sentido filosófico do termo. Entrega. Cuidado. Dedicação. Envolvimento. Compromisso. Ninguém é professor na indiferença. Ser professor é colocar-se ao serviço dos alunos, dos seus projetos e das suas aspirações. Ser professor é conseguir que cada aluno vá o mais longe possível no seu próprio caminho.

Agora sim, ele pode ensinar

Se formos capazes deste triplo trabalho – renascimento, conhecimento e compaixão – então, sim, podemos dizer-nos professores, estaremos em condições de ensinar.

Eis as três coisas que devemos dizer a quem quer ser professor. Devemos falar-lhes da importância da docência para a humanidade, sobretudo para combater as desigualdades e para promover uma sociedade mais inclusiva e equitativa. Devemos falar-lhes do papel central dos professores, no passado e no futuro. Devemos dizer-lhes que os professores são insubstituíveis para educar as crianças e os jovens, e que nunca serão substituídos nem pela mais perfeita máquina.

Não devemos esconder as dificuldades dos professores, tanto do ponto de vista das suas condições de trabalho como da falta de reconhecimento social. Mas é preciso, também, falar da docência pela positiva, mostrar os exemplos extraordinários que existem em todo o mundo – de professores dedicados, competentes, responsáveis, criativos. É nestes professores, nestas professoras, que devemos inspirar-nos para chamar às licenciaturas todos aqueles, todas aquelas, que sentem vontade de abraçar a profissão mais difícil, e também a mais importante, que a humanidade inventou.

Renascida, ela conhece, ela tem compaixão.
Agora sim, ela pode ensinar.

XI. Do futuro da escola

Rui Canário

O futuro é completamente incerto e avesso a previsões de natureza determinista. Está em aberto e será o resultado das escolhas que os seres humanos serão chamados a fazer nas próximas décadas. A educação é o que nos permite pensar e problematizar o futuro orientando as nossas escolhas. Estamos confrontados com desigualdades sociais chocantes (incluindo as desigualdades de gênero), com um recrudescimento das tiranias a nível mundial, com défices democráticos profundos que acompanham o reforço dos nacionalismos, da xenofobia e do racismo. Estamos perante uma época de charneira em termos civilizacionais. É através da educação que poderemos criar modos de vida coletiva que se oponha à barbárie social que nos ameaça.

A escola terá futuro se souber cumprir a sua missão de promover a igualdade de oportunidades educativas para todos, em especial para os 'esfarrapados' a quem Paulo Freire dedicou 'A pedagogia do oprimido'. O professor, como educador profissional, tem um papel central a desenvolver na promoção social do conhecimento humano, bem como na construção de respostas aos problemas da desigualdade social, da exploração do trabalho e às ameaças ambientais e sanitárias. Tendo como referência central a pessoa do aluno, pede-se ao professor que possa estabelecer vínculos férteis entre a escola e a comunidade local.

Impressão e acabamento
Gráfica da Editora Ciência Moderna Ltda.
Tel: (21) 2201-6662